マンガでわかる 簿記入門

監修
学校法人
立志舎

イースト・プレス

第1章 簿記の基礎

1 簿記の目的 ── 企業の経済活動のお金の出入りを記録 ・・・ 6
2 簿記の要素 ── 資産、負債、純資産（資本）、収益、費用 ・・・ 10
3 会計期間 ── 記録のスタートからゴールまでの期間 ・・・ 14
4 簿記のしくみ ── 活動の記録と決算業務 ・・・ 16
5 取引と勘定 ── すべて金銭に置き換えて記録 ・・・ 18
6 勘定記録のルール ── 左側は借方、右側は貸方 ・・・ 22
7 仕訳と勘定記入 ── 取引が発生したら仕訳、そして勘定記入 ・・・ 26
8 決算の手続き ── 記録の整理、決算の手続きの流れ ・・・ 32

第2章 仕訳

9 現金・預金の取引と仕訳 ── 簿記上の現金と当座預金、その他の預金 ・・・ 42
10 商品取引と仕訳① ── 記帳方法、分記法と分割法 ・・・ 48
11 商品取引と仕訳② ── 仕入勘定と売上勘定 ・・・ 52

Contents

12 手形取引と仕訳 —— 約束手形、手形の振出と受取 …… 56

13 債権・債務 —— 掛取引、手形取引、未収金・未払金・貸付金・借入金 …… 60

14 有価証券の取引と仕訳 —— 売買目的の有価証券の記録 …… 68

15 固定資産・消耗品の取引と仕訳 —— 建物、車両運搬具、土地、備品、消耗品 …… 72

16 資本金の取引と仕訳 —— 資本金の増減に関わる追加出資や引出金 …… 78

17 費用・収益の取引と仕訳 —— 費用の発生は借方、収益の発生は貸方 …… 82

18 その他の現金・預金の取引と仕訳 —— 現金過不足、小口現金、当座借越 …… 86

19 その他手形取引と仕訳 —— 為替手形、手形の裏書、手形の割引 …… 94

20 その他の債権・債務 —— 人名勘定、前払金・前受金、立替金、預り金、仮払金・仮受金、商品券 …… 100

21 債権の貸倒れ —— 貸倒れが発生した時は費用処理 …… 106

22 固定資産の売却 —— 減価償却と帳簿価額 …… 108

第3章 試算表

23 試算表の種類 ── 合計試算表、残高試算表、合計残高試算表、繰越試算表 …… 112

24 試算表の作成 ── 試算表の作成手順と記入法 …… 116

第4章 決算

25 決算整理仕訳① ── 現金過不足の整理と引出金勘定の整理 …… 120

26 決算整理仕訳② ── 売上原価の算定 …… 124

27 決算整理仕訳③ ── 貸倒れの見積り …… 128

28 決算整理仕訳④ ── 有価証券の評価 …… 130

29 決算整理仕訳⑤ ── 固定資産の減価償却 …… 132

30 決算整理仕訳⑥ ── 消耗品の整理 …… 136

31 決算整理仕訳⑦ ── 費用の繰延と収益の繰延 …… 138

32 決算整理仕訳⑧ ── 費用の見越と収益の見越 …… 142

33 精算表の作成 ── 精算表の作成手順と記入法 …… 146

Contents

第5章 帳簿と伝票

34 帳簿上の決算 ── 決算振替仕訳、帳簿の締切り ……………… 152

35 財務諸表の作成 ── 損益計算書と貸借対照表 ……………… 157

36 帳簿の体系 ── 帳簿の分類、主要簿と補助簿 ……………… 160

37 仕訳帳と総勘定元帳 ── 仕訳帳と総勘定元帳の記入方法 ……………… 162

38 現金出納帳、当座預金出納帳、小口現金出納帳 ── 現金勘定や預金勘定を増減させる取引の明細を記録 ……………… 166

39 仕入帳・売上帳、商品有高帳 ── 取引先や商品など商品取引の明細を記録 ……………… 170

40 売掛金元帳・買掛金元帳、受取手形記入帳・支払手形記入帳 ── 掛取引や手形に関する明細を記録 ……………… 176

41 伝票制度 ── 1伝票制、3伝票制、5伝票制 ……………… 182

第1章 簿記の基礎

① 簿記の目的
企業の経済活動のお金の出入りを記録

イーストプレス商事経理部新人
藤本サトシ（22）

う〜ん わからない
どう書けばいいんだろう？

一条先輩！
帳簿？

あら 藤本くん
こんな遅くまで何やっているの？

ああッ！だめですッ！
えんぴつ代？バス代？

・えんぴつ代
・バス代

経理部の先輩
一条 美咲（28）

何よこれ！
お小遣い帳じゃ
ないんだから

すみませんッ
僕帳簿
つけたことなくて…

はぁ～
先が思いやられるわ
いいわ
私が簿記について
一から教えてあげる

本当
ですかッ！

ありがとう
ございます！

まず
簿記とは何か
わかる？

えっと
帳簿に
記録すること
でしょうか？

その通り
広い意味で言えば
家計簿や
お小遣い帳も
簿記といえるわ

でも会社で行う簿記は誰が見ても内容がわかるように共通のルールのもとに作られているのよ

一般的に簿記と言えば企業の経営活動によるお金の出入りを一定のルールに従って帳簿に記録することをいうわ

その目的は2つ

① 一定期間の経営成績を明らかにすること
② 一定時点の財政状態を明らかにすること

簡単にいえば会社が一定期間にいったいいくら儲けたかいくら残っているかを知ることが目的ね

なるほど明確な目的ですね

ふふ そうね

記帳の方法には大きく分けて単式簿記と複式簿記という方法があるの
現在 簿記といえば複式簿記で記帳されているわ

複式簿記の記帳のルールでは物事を二面的にとらえるので会社の経営活動によるお金の出入りを記録するのに向いているのよ

へえ

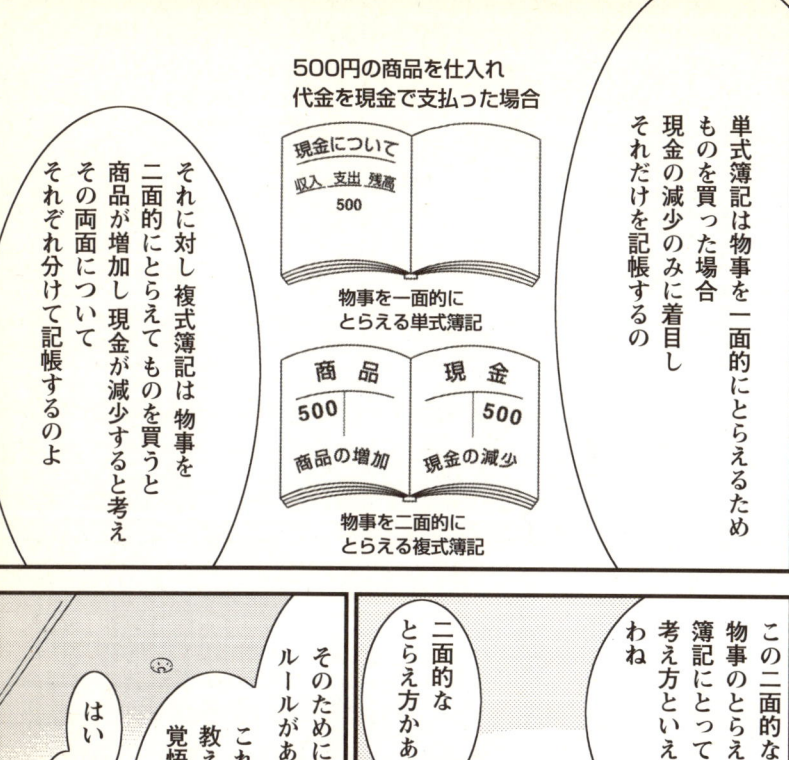

単式簿記は物事を一面的にとらえるためものを買った場合現金の減少のみに着目しそれだけを記帳するの

それに対し複式簿記は物事を二面的にとらえてものを買うと商品が増加し現金が減少すると考えその両面についてそれぞれ分けて記帳するのよ

500円の商品を仕入れ代金を現金で支払った場合

現金について
収入 支出 残高
　　　500

物事を一面的にとらえる単式簿記

商品	現金
500	500
商品の増加	現金の減少

物事を二面的にとらえる複式簿記

この二面的な物事のとらえ方こそ簿記にとって大事な考え方といえるわね

二面的なとらえ方かぁ…

そのために様々なルールがあるわ
これからみっちり教えてあげるから覚悟してね

はい
よろしくお願いします！

それから帳簿は誰が見てもわかるように正確に記入していかなくてはいけないのよ

第1章 簿記の基礎

② 簿記の要素
資産、負債、純資産（資本）、収益、費用

簿記の目的は一定期間の経営成績と一定時点の財政状態を明らかにすること

このために企業活動の記帳「簿記」を行うの

簿記ではわかりやすくするために企業活動を金銭に置き換えて記録・計算・整理するのよ

企業活動をお金に置き換える？

そうよ

分類は大きく分けて5つ

簿記では資産・負債・純資産（資本）・収益・費用の5つの要素にあてはまることがらを記録しそれ以外のことがらは原則として記録しないのよ

資産
負債
純資産（資本）
収益
費用

なるほど

資産

① **現　金**（硬貨、紙幣など）
② **売掛金**（商品をツケで販売した場合、
　　　　　その代金を後で受取る権利）
③ **貸付金**（金銭を貸した場合、
　　　　　その金銭を返してもらう権利）
④ **商　品**（販売するための物品）
⑤ **備　品**（企業活動のため使用する物品）
⑥ **建　物**（店舗や倉庫）

その他にもいろいろな資産の項目がある。

負債

① **買掛金**（商品をツケで購入した場合、
　　　　　その代金を後で支払う義務）
② **借入金**（金銭を借りた場合、その金銭を
　　　　　返さなければならない義務）

その他にもいろいろな負債の項目がある。

純資産（資本）

① **資本金**（元手。株主の払込金額）
② **利　益**（企業の儲け）

純資産（資本）は、資産から負債を引いた
金額としても表されるものでもある。

※個人企業の場合、純資産（資本）は
　資本金勘定で処理します。

まず資産とは左の項目のように企業が所有する金銭や物品のほか将来の金銭や物品の受入れを約束する権利のことよ

負債は企業が将来の金銭や物品の支払いを約束した義務

そして純資産（資本）は企業が活動を行うために必要とする元手(もとで)のことよ

資　産 － **負　債** ＝ **純資産（資本）**

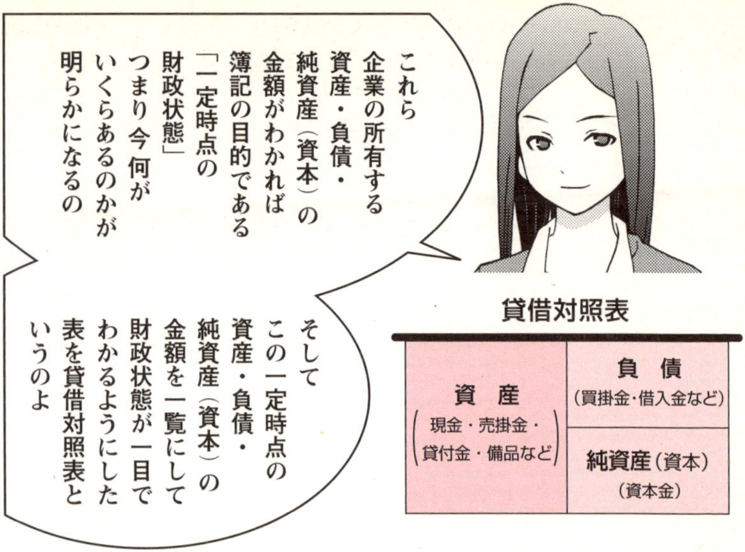

これら企業の所有する資産・負債・純資産（資本）の金額がわかれば簿記の目的である「一定時点の財政状態」つまり今何がいくらあるのかが明らかになるの

そしてこの一定時点の資産・負債・純資産（資本）の金額を一覧にして財政状態が一目でわかるようにした表を貸借対照表というのよ

貸借対照表

資産	負債
現金・売掛金・貸付金・備品など	（買掛金・借入金など）
	純資産（資本）
	（資本金）

■貸借対照表の例

貸借対照表
東京商店　　　　　　　平成 ○ 年 3 月 31 日　　　　　　　（単位：円）

資産	金	額	負債および純資産（資本）	金	額
現　　　　金		20,000	買　掛　金		450,000
当 座 預 金		70,000	借　入　金		200,000
売　掛　金	500,000		前 受 地 代		100,000
貸倒引当金	15,000	485,000	未 払 家 賃		16,000
商　　　　品		230,000	資　本　金		950,000
売買目的有価証券		450,000	当期純利益		354,000
貸　付　金		65,000			
消　耗　品		4,000			
前払保険料		6,000			
未 収 利 息		2,000			
建　　　物	900,000				
減価償却累計額	162,000	738,000			
		2,070,000			2,070,000

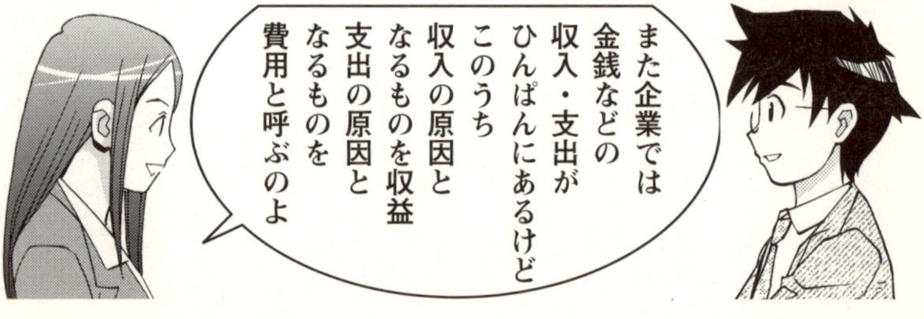

また企業では金銭などの収入・支出がひんぱんにあるけどこのうち収入の原因となるものを収益支出の原因となるものを費用と呼ぶのよ

収益
① **受取利息**（他人に金銭を貸付け、利息として受取る金額）
② **受取地代**（所有する土地を他人に貸し、その使用料として受取る金額）
③ **売　上**（商品の販売代金として受取る金額）

その他にもいろいろな収益の項目がある。

費用
① **支払利息**（他人から金銭を借入れ、利息として支払う金額）
② **保険料**（火災保険等の保険料金として支払う金額）
③ **給　料**（従業員に対して、給料として支払う金額）
④ **支払地代**（他人から土地を借り、その使用料として支払う金額）
⑤ **仕　入**（商品の購入代金として支払う金額）

その他にもいろいろな費用の項目がある。

> これらの一定期間の収益と費用を比較してどちらが多かったのかを見れば簿記の目的である「一定期間の経営成績」つまり儲けがいくらあるのかが明らかになるわこれを一覧にしたものを損益計算書というのよ

■損益計算書の例

損益計算書
東京商店　平成○年4月1日から平成○年3月31日まで　（単位：円）

費　用	金　額	収　益	金　額
売 上 原 価	770,000	売 上 高	1,400,000
給　　料	86,000	受 取 利 息	10,000
消 耗 品 費	76,000	受 取 地 代	30,000
保 険 料	18,000		
支 払 家 賃	36,000		
貸倒引当金繰入	12,000		
減 価 償 却 費	54,000		
雑　　費	9,500		
支 払 利 息	5,000		
有価証券評価損	19,000		
雑　　損	500		
当 期 純 利 益	354,000		
	1,440,000		1,440,000

第1章 簿記の基礎

③ 会計期間
記録のスタートからゴールまでの期間

貸借対照表や損益計算書の説明をするときに一定時点とか一定期間といったのを覚えている？

はい

経営成績や財政状態を明らかにするために期間に区切りをつける必要があるの

この期間を「会計期間」と呼ぶわ

通常は1年間スタートを期首と呼びゴールを期末または決算日と呼んでいるわ

「貸借対照表」や「損益計算書」は会計期間ごとに必ず作成されるのよ

会計期間

今、②の会計期間（1月1日～12月31日）の最中であるとする。

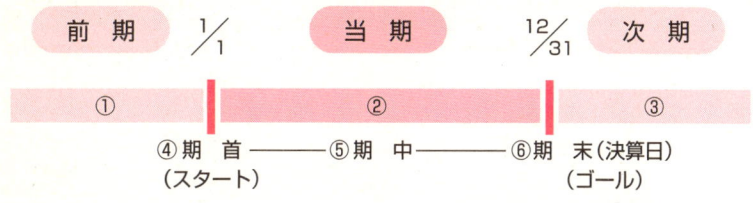

```
 前 期    1/1    当 期    12/31    次 期
   ①              ②               ③
         ④期首———⑤期中———⑥期末（決算日）
         （スタート）        （ゴール）
```

①前 期	「当期の前の会計期間」という意味で、①の期間を表す。
②当 期	「当会計期間」という意味で、②の期間を表す。
③次 期	「当期の次の会計期間」という意味で、③の期間を表す。

④期 首	「当期の初め」という意味で、②期の1月1日を表す。
⑤期 中	「当期の中」という意味で、②期の会計期間全体を表す。
⑥期 末	「当期の終わり」という意味で、②期の12月31日を表します。なお、期末は「区切り」をつける日であり、この区切りをつけることを決算と呼ぶことから、「決算日」とも言う。

会計期間をわかりやすく説明すると上のようになるわ

上の図の場合は現在が②の会計期間の最中であるとしているんですね

第1章 簿記の基礎

④ 簿記のしくみ
活動の記録と決算業務

会計期間がわかったところでそのスタートからゴールまでどんなことをするのか流れを説明するわよ

会計期間中は日常業務として活動の記録をコツコツするのよ

詳しくは後で説明するけど日々発生する取引をルールに従って仕訳して総勘定元帳に記録するという仕事の繰り返しなのよ

そしてゴール

期末にはそれまでの記録の整理をする決算業務があるの

つまり、会計期間の収益・費用を集計して純利益を計算すると同時に決算の結果を報告するために損益計算書や貸借対照表を作成するのよ

活動の記録（期中繰返し行われる）

| 取　引 | 資産・負債・純資産（資本）・収益・費用の増減変化 |

↓

| 仕　訳 | 取引全体を発生順に記録します（仕訳帳）
（借）　勘定科目　金　額　　（貸）　勘定科目　金　額 |

転記 ↓

| 勘定口座 | 取引全体を要素別に記録する（総勘定元帳） |

記録の整理＝決算（期末に行われる）

| 勘定記録 | 期中取引の記録を行う。 |

↓

| 残高試算表 | 勘定記録が正しく行われているかどうか確認する。 |

↓

| 決算整理 | 棚卸表をもとに、決算整理仕訳を行い、転記する。 |

| 決算振替 | 損益勘定に収益・費用の勘定を集計する。（純利益の計算） |

↓

| 締切り | 仕訳帳・総勘定元帳に区切りを付け（締切り）次期に備える。 |

| 報　告 | 損益計算書および貸借対照表を作成する。 |

つまり簿記の目的は期中に活動の記録をし期末に決算をして企業の経営成績や財政状態を明らかにすることなのよ

第1章 簿記の基礎

⑤ 取引と勘定
すべて金銭に置き換えて記録

流れは何となくわかりましたけど何だか難しい言葉が出てきてチンプンカンプンです

取引とか仕訳とか勘定とか…

そうだと思ったわ

わかりやすいように順に説明するわ

お願いします

簿記では企業の資産・負債・純資産（資本）収益・費用の各項目に増減変化を生じさせることがらを「取引」というのよ

例えば建物を購入し代金を現金で支払ったとすると建物（資産）が増加し現金（資産）が減少するから「取引」となるのよ

あなたのお給料を会社が現金で支払うことも会社からすると現金（資産）が減少するから「取引」となるのよ

僕の給料も「取引」なんですか!?

① 簿記では取引だが、
　一般には取引といわないもの
- 地震や火事で建物が壊れた場合
- 商品が盗まれた場合
   　など

建物や商品、つまり資産が減少しているので「取引」。

② 簿記では取引ではないが、
　一般には取引といわれるもの
- 仕入の注文を行った場合
- 建物を貸す契約を結んだ場合
   　など

契約や約束をしただけでは簿記の5要素の増減変化がないので「取引」ではない。

> 簿記でいう「取引」と一般でいう「取引」とは大体において同じ内容を意味するけど少し異なる点もあるのよ

> 地震や火事・盗難で資産を失うことまで「取引」というのはびっくりですね

> 簿記ではすべて金銭に置き換えて記録するといったでしょ

> そうしたことも資産・負債・純資産（資本）・収益・費用の増減変化のひとつなのよ

本当に何でもお金に置き換えるんですね

そうよ 勘定といって資産・負債・純資産（資本）・収益・費用の各項目について適当な名称をつけて記録するの

例えば現金なら現金勘定 建物なら建物勘定というようにね

※勘定は、向かって左側を借方（かりかた）、向かって右側を貸方（かしかた）と呼びます。この借方、貸方の2区分について、一定のルールにしたがった記録が行われる。

現　金
（借方 かりかた）	（貸方 かしかた）

それらを勘定科目といってそれぞれT字型の勘定を設けて記入するの

上の現金の例を参考にしてね

20

■資産の勘定科目

勘定科目	内容
現　　　　金	手持現金、現金にすぐ交換できるもの
当　座　預　金	小切手や手形の支払いを決済するための預金口座
受　取　手　形	満期に手形代金を受け取る権利
売　　掛　　金	商品の売上代金の未回収分
商　　　　品	売上をあげるための在庫
貸　　付　　金	お金を他人に貸付けた場合の債権
有　価　証　券	株式、国債、地方債、社債など
備　　　　品	机やいす、パソコンなど
車　両　運　搬　具	営業用の車、オートバイなど
建　　　　物	自己所有の店舗、事務所、工場など

■負債の勘定科目

勘定科目	内容
支　払　手　形	満期に手形代金を支払う義務
買　　掛　　金	商品の仕入代金の未払分
借　　入　　金	銀行や他人からの借金
預　　り　　金	従業員の給料から一時的に預ったお金

■純資産（資本）の勘定科目

勘定科目	内容
資　　本　　金	株主からの出資額（個人企業の場合の元入れ）
繰越利益剰余金	株主総会により利益処分対象となるもの

■収益の勘定科目

勘定科目	内容
売　　　　上	商品の売上代金
受　取　利　息	預金や貸付金の利息
受　取　手　数　料	あっせん手数料

■費用の勘定科目

勘定科目	内容
仕　　　　入	商品の仕入代金
給　　　　料	店員、事務員などの給料
支　払　家　賃	借店舗、借事務所などの家賃
租　税　公　課	固定資産税、自動車税、印紙税など
通　　信　　費	切手代、電話料など
広　告　宣　伝　費	商品を売り込むためのチラシの代金など

第1章 簿記の基礎

⑥ 勘定記録のルール
左側は借方、右側は貸方

勘定科目っていっぱいあるんですね
覚えられるかなぁ

それより大事なのは勘定記録のルールを覚えること
これをきちんと覚えないと経理失格よ

ええっ！経理失格!?
そんなに大切なことなんですか？

そうよ
さっき勘定は左側を借方、右側を貸方と2つに区分して記録するといったでしょ

増減変化を記録する場合一定のルールがあるのよ

資産の勘定
負債の勘定
純資産（資本）の勘定
収益の勘定
費用の勘定

それぞれについてきちんと覚えること！

勘定記録の大原則 ①

各勘定ごとに増加、減少、発生、消滅を記録するときに貸方へ記入するか、借方へ記入するかが決まっている。

■資産の勘定

増加を借方に、
減少を貸方に記録する。

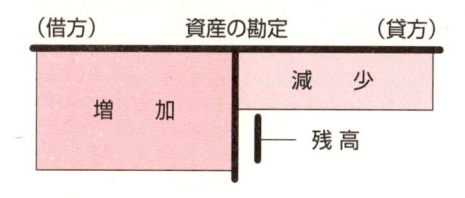

```
(借方)      資産の勘定      (貸方)
|                    |  減 少      |
|    増 加           |―――――――   |
|                    |  残高       |
```

■負債の勘定

増加を貸方に、
減少を借方に記録する。

```
(借方)      負債の勘定      (貸方)
|  減 少            |                |
|―――――――       |    増 加       |
|  残高             |                |
```

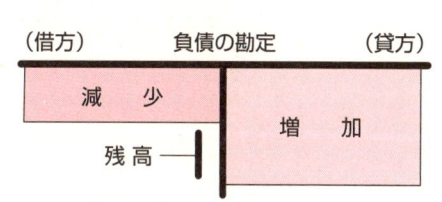

■純資産（資本）の勘定

増加を貸方に、
減少を借方に記録する。

```
(借方)    純資産(資本)の勘定    (貸方)
|  減 少            |                |
|―――――――       |    増 加       |
|  残高             |                |
```

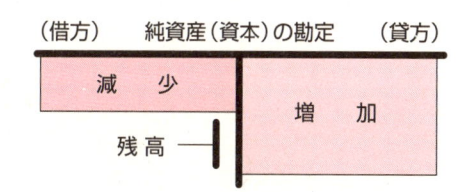

■収益の勘定

その発生を貸方
（消滅は借方）に記録する。

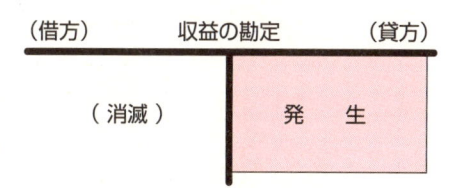

```
(借方)      収益の勘定      (貸方)
|   (消滅)          |    発 生       |
```

■費用の勘定

その発生を借方
（消滅は貸方）に記録する。

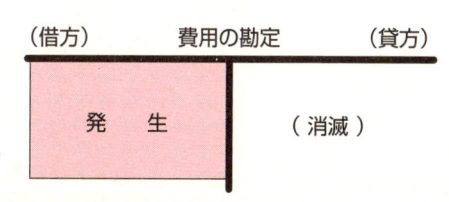

```
(借方)      費用の勘定      (貸方)
|    発 生          |   (消滅)       |
```

勘定記録の大原則 ②

① 取引は必ず2つ以上の勘定に記録する。

② ある勘定の借方に記録した金額と同じ額を、他の勘定の貸方に記録する。

> 取引を勘定に記入する場合にさらに次のルールがあるのよ

■取引と記録の例

① 銀行より現金￥50,000を借入れた場合

| 現金の受入 | ⇒ | 現金（資産）の増加 | → | 現金勘定の借方 |
| 借入の事実 | ⇒ | 借入金（負債）の増加 | → | 借入金勘定の貸方 |

```
      現　　金                    借　入　金
  50,000        |                          |    50,000
```

② 従業員に対し、給料￥70,000を現金で支払った場合

| 現金の支払 | ⇒ | 現金（資産）の減少 | → | 現金勘定の貸方 |
| 給料（原因） | ⇒ | 給料（費用）の発生 | → | 給料勘定の借方 |

```
      給　　料                    現　　金
  70,000        |                          |    70,000
```

> 例えば上の例みたいに

> 2つの勘定の借方・貸方に同じ数字を書いたりするのよ

取引の結合関係

借方の要素	貸方の要素
資産の増加	資産の減少
負債の減少	負債の増加
純資産（資本）の減少	純資産（資本）の増加
費用の発生	収益の発生

取引と各勘定の増加減少の関係は上のようにまとめることができるわ
これを「取引の結合関係」と呼ぶのよ

お互いに影響しあってるのがよくわかります
それに取引は必ず借方と貸方の組み合せになるんですね

第1章 簿記の基礎

⑦ 仕訳と勘定記入
取引が発生したら仕訳、そして勘定記入

取引が発生したらその内容を勘定に記入するわけだけど

その場合直接記入するのではなくいったん仕訳という手続きを行うのよ

仕訳?

仕訳とはどの勘定のどちら側にいくら記入するかを決定することで取引が行われるたびにその発生順に行う手続きなの

そして仕訳を行った後同じ内容を勘定に書き写していくの

この作業を転記というのよ

ちなみに仕訳は仕訳帳に転記は総勘定元帳という帳簿に行うのよ

取引と仕訳

■取引例Ⓐ

① 備品を購入し、現金¥300,000を支払った場合

| 現金(資産)の減少 | → | 現金勘定の貸方に¥300,000を記入する。 |
| 備品(資産)の増加 | → | 備品勘定の借方に¥300,000を記入する。 |

(借)備　品　　300,000　　　(貸)現　　金　　300,000

(「かりかた・びひん・300,000円、かしかた・げんきん・300,000円」と読みます)

■取引例Ⓑ

② 4月3日に銀行より現金¥150,000を借入れた場合

| 現　金(資産)の増加 | → | 現金勘定の借方に¥150,000を記入する。 |
| 借入金(負債)の増加 | → | 借入金勘定の貸方に¥150,000を記入する。 |

(借)現　　金　　150,000　　　(貸)借入金　　150,000

(「かりかた・げんきん・150,000円、かしかた・かりいれきん・150,000円」と読みます)

左はある取引例について仕訳したものよ

仕訳と勘定記入(転記)

■取引例Ⓐ

① (借)備　品　　300,000　　　(貸)現　　金　　300,000

「備品勘定の借方に300,000円と記入する」ことを意味します。

「現金勘定の貸方に300,000円と記入する」ことを意味します。

```
        備　品                    現　金
  300,000  |                        | 300,000
```

■取引例Ⓑ

なお実際には、金額だけでなく、取引が行われた日付、反対側の科目(相手勘定)、そして金額が記入されます。

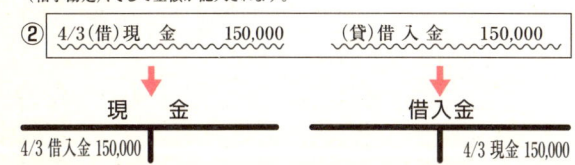

② 4/3 (借)現　金　　150,000　　　(貸)借入金　　150,000

```
         現　金                      借入金
4/3 借入金 150,000 |               | 4/3 現金 150,000
```

仕訳したものを勘定に転記するとこのようになるわ

取引と仕訳

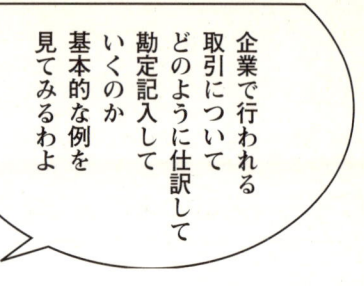

企業で行われる取引についてどのように仕訳して勘定記入していくのか基本的な例を見てみるわ

■基本的な取引と勘定記入の例

①取引──活動資金を用意した場合の仕訳

12/1　現金¥500,000を元入れして、イースト商店を開業した。
12/3　活動に必要な資金として現金¥300,000を銀行より借入れた。

```
12/1（借）現　金　500,000　　（貸）資 本 金　500,000
12/3（借）現　金　300,000　　（貸）借 入 金　300,000
```

※企業活動に必要な資金を準備するには、店主自身の財産（現金等）を企業に差出す（出資・元入）か、または他人から借りるかしなければなりません。元入額は返す必要がなく、元手として資本金勘定で処理します。なお、借入額は将来返さなければならないもの（義務）であるため、負債として借入金勘定で処理します。

②取引──開業準備した場合の仕訳

12/4　店舗として使用する建物の賃貸契約（月額¥2,500）を結んだ。
12/5　営業に必要な机・イスなどの備品¥350,000を購入した。（現金払い）

```
12/4　　　仕　訳　な　し
12/5（借）備　品　350,000　　（貸）現　　金　350,000
```

※企業は活動を行う場所（店舗等）や、そのために必要な器材等を用意しなければなりません。これも購入するか、借りるかしなければなりません。このケースでは、店舗（建物）を他より借入れる契約を結んでいますが、契約しただけなので、簿記上の取引にはならないため、仕訳なしとなります。借りた建物は、自分の資産にはなりません。（家賃等を支払い、費用として処理します）。机やイスなどの器材（備品）は現金を支払って購入しているので自分の資産となります。

③取引——現金で商品を購入・販売した場合の仕訳

12/10 青森商店より商品¥15,000を購入し、代金は現金で支払った。
12/11 沖縄商店に商品を販売し、代金¥32,000は現金で受取った。

```
12/10 (借) 仕    入  15,000   (貸) 現     金  15,000
12/11 (借) 現    金  32,000   (貸) 売      上  32,000
```

※商品売買業では、商品の購入(仕入)と商品の販売(売上)という2つの取引が頻繁に行われます。この取引の要素を考えると、商品という資産の増加(仕入)と減少(売上)です。購入して支出した金額を「仕入」勘定(費用)で、販売して得た収入金額を「売上」勘定(収益)で処理します。(48ページ参照)「商品購入は仕入勘定の借方、商品販売は売上勘定の貸方」と覚えてください。

④取引——掛で商品を購入販売した場合の仕訳

12/12 新潟商店より商品¥10,000を購入し、代金は掛とした。
12/13 大阪商店に商品を販売し、代金¥19,000は掛とした。

```
12/12 (借) 仕    入  10,000   (貸) 買 掛 金  10,000
12/13 (借) 売 掛 金  19,000   (貸) 売      上  19,000
```

※商品の仕入・売上の取引においては、その代金についていろいろな支払いまたは受取り方法が考えられますが、ツケ(仕入代金を後で払う、または売上代金を後でもらう)による場合もあります。このようなツケによる取引を「掛取引」といいます。仕入代金(後で払う)の支払義務は買掛金勘定(負債)で、また売上代金(後でもらう)を受取る権利は売掛金勘定(資産)で処理します。

⑤取引——売掛金の回収、買掛金の支払いをした場合の仕訳

12/14 大阪商店に対する売掛金のうち¥15,000を現金で回収した。
12/15 新潟商店に対する買掛金のうち¥3,000を現金で支払った。

```
12/14 (借) 現    金  15,000   (貸) 売 掛 金  15,000
12/15 (借) 買 掛 金   3,000   (貸) 現     金   3,000
```

※④で示したように、商品売買においては掛取引が行われます。この場合の掛代金(売掛金または買掛金)は、後日に現金などで受取り、または支払いが行われます。

⑥取引——給料を支払った場合、借入金を支払った場合の仕訳

12/20　従業員に対し、給料￥6,000を現金で支払った。
12/31　借入金に対する元本￥2,900および利息￥100を現金で支払った。

```
12/20 （借）給      料  6,000     （貸）現      金  6,000
12/31 （借）借  入  金  2,900     （貸）現      金  3,000
           支 払 利 息    100
```

※その他にも取引には、電気・ガス・水道等の公共料金の支払いや、給料・税金等の支払い、商品売買の仲介…など、さまざまなものが考えられます。このような取引は、そのつど適正な勘定科目を用いて処理します。
　なお、12/31の仕訳をみると、借方に2つの項目がありますが、科目数は複数あってもいっこうにかまいません。ただし、一つの取引において、金額は借方・貸方が同額（借方合計3,000、貸方3,000）であることを必ず守らなければなりません。

勘定記入（転記）

①～⑥で行ったイースト商店の仕訳を、総勘定元帳の各勘定に転記すると次ページのようになる。
なお勘定記入は、日付・相手科目・金額について行い、相手科目が複数ある場合には「諸口」と記入した。

■イースト商店の12/1～12/31の取引の仕訳

```
12/1   （借）現       金   500,000   （貸）資  本  金   500,000
12/3   （借）現       金   300,000   （貸）借  入  金   300,000
12/4         仕 訳 な し
12/5   （借）備       品   350,000   （貸）現       金   350,000
12/10  （借）仕       入    15,000   （貸）現       金    15,000
12/11  （借）現       金    32,000   （貸）売       上    32,000
12/12  （借）仕       入    10,000   （貸）買  掛  金    10,000
12/13  （借）売  掛  金    19,000   （貸）売       上    19,000
12/14  （借）現       金    15,000   （貸）売  掛  金    15,000
12/15  （借）買  掛  金     3,000   （貸）現       金     3,000
12/20  （借）給       料     6,000   （貸）現       金     6,000
12/31  （借）借  入  金     2,900   （貸）現       金     3,000
             支 払 利 息       100
```

■イースト商店の12/1〜12/31の取引の仕訳の勘定記入

現　金

12/1	資	本	金	500,000	12/5	備	品	350,000
3	借	入	金	300,000	10	仕	入	15,000
11	売		上	32,000	15	買 掛	金	3,000
14	売	掛	金	15,000	20	給	料	6,000
					31	諸	口	※3,000

売掛金

12/13	売	上	19,000	12/14	現	金	15,000

備品

12/5	現　金	350,000	

買掛金

12/15	現	金	3,000	12/12	仕	入	10,000

借入金

12/31	現	金	2,900	12/3	現	金	300,000

資本金

				12/1	現	金	500,000

売上

				12/11	現	金	32,000
				13	売 掛	金	19,000

仕入

12/10	現　金	15,000	
12	買掛金	10,000	

給料

12/20	現　金	6,000	

支払利息

12/31	現　金	100	

※12/31の取引を転記する際に、仕訳を見ると「貸方・現金・3,000」とあります。これにしたがって、「現金勘定の貸方」に「12/31（日付）」と「3,000（金額）」を記入しますが、さて相手科目は…と見ると、借方には借入金と支払利息の2つがあります。このような場合には、2つの科目を記入するのではなく、上のように「諸口（しょくち）」と記入しておきます。これは、相手科目が2つ以上あるということを意味しています。

> これが仕訳と勘定記入という作業よ　わかった？

> はい

第1章 簿記の基礎

⑧ 決算の手続き
記録の整理、決算の手続きの流れ

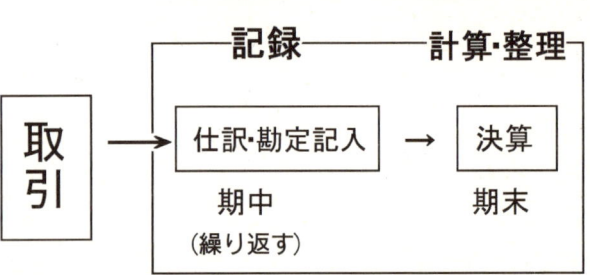

会計期間中は取引を仕訳し勘定に転記することを繰り返すわけだけど

会計期間の終わりである期末にはその期の財政状態と経営成績を明らかにするために勘定記録を計算し整理するのよ

```
         ┌─── 記録 ───┬─ 計算・整理 ─┐
取引  →  │ 仕訳・勘定記入 │ →  │ 決算 │
         │    期中     │     期末
         │  (繰り返す)  │
```

この期末に行う手続きを決算（決算手続き）というの

いろいろあるからちゃんと覚えるのよ

> 本当にいろいろあるなぁ

> 決算の手続きや流れは下の表の通り

決算手続きの流れ

（予備手続）　**試算表の作成**　記録（仕訳・勘定）が正しく行われているかどうか、試算表を作成して確認する。

　　　　　　　棚卸表の作成　決算においてどのような整理・修正が必要になるか調査して、一覧表にする。

　　　　　　　決算整理仕訳　勘定記録を棚卸表にしたがって修正する。

　　　　　　　精算表の作成　決算全体の手続きの流れを把握するために、決算一巡を表にしてみる。（仮決算）

（本　手　続）　**決算振替仕訳**　損益計算のために収益・費用の勘定を損益勘定に集計し、純損益を計算します。計算された純損益は、資本金勘定などに振替える。

　　　　　　　帳簿の締切り　決算が終了し、次の会計期間の記録のために区切り（締切り）をつける。

（報告手続）　**財務諸表作成**　決算の結果を報告するために、損益計算書（経営成績）と貸借対照表（財政状態）を作成する。

試算表の作成

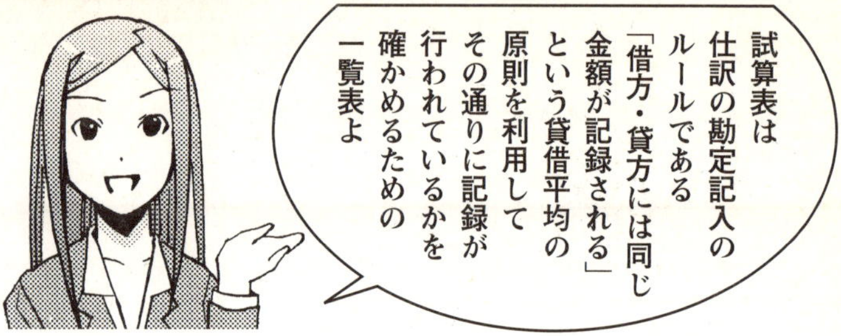

試算表は仕訳の勘定記入のルールである「借方・貸方には同じ金額が記録される」という貸借平均の原則を利用してその通りに記録が行われているかを確かめるための一覧表よ

a	(借)現　　金	5,000	(貸)資本金	5,000		
b	(借)仕　　入	2,500	(貸)現　金	2,500		金額の合計
c	(借)現　　金	4,000	(貸)売　上	4,000		¥12,000
d	(借)雑　　費	500	(貸)現　金	500		

例えばある企業の一連の取引について上のように仕訳を行ったとして

↓ 転記

この仕訳を全て各勘定に記入すると下のようになるわ

```
      現    金           資 本 金          売    上
a  5,000 | b  2,500             | a 5,000           | c 4,000
c  4,000 | d    500

      仕    入           雑    費
b  2,500 |              d   500 |
```

> 合計試算表を作成すると勘定記録が正しく行われているか確かめられるのよ
> 両方の合計が一致しているかがポイントよ
> 下はdの500円を転記し忘れた例よ 合計が一致してないでしょ？

> 本当だ

■勘定記録が正しく行われている例

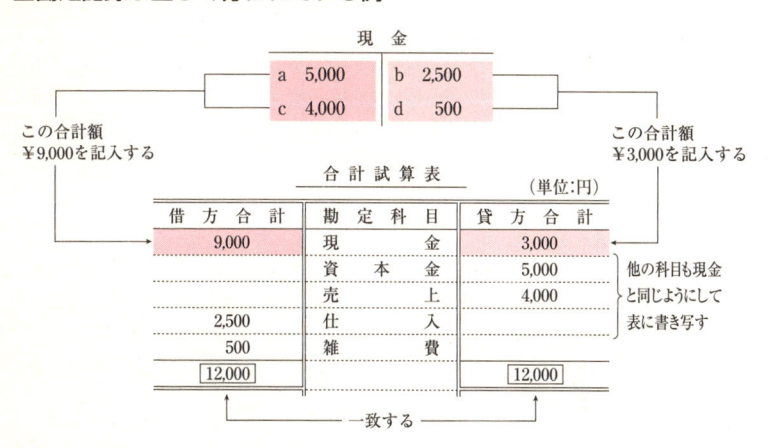

現　金

| a | 5,000 | b | 2,500 |
| c | 4,000 | d | 500 |

この合計額 ¥9,000を記入する

この合計額 ¥3,000を記入する

合　計　試　算　表　　　　　（単位:円）

借　方　合　計	勘　定　科　目	貸　方　合　計
9,000	現　　　　金	3,000
	資　本　金	5,000
	売　　　　上	4,000
2,500	仕　　　　入	
500	雑　　　　費	
12,000		12,000

他の科目も現金と同じようにして表に書き写す

――― 一致する ―――

■勘定記録が正しく行われていない例

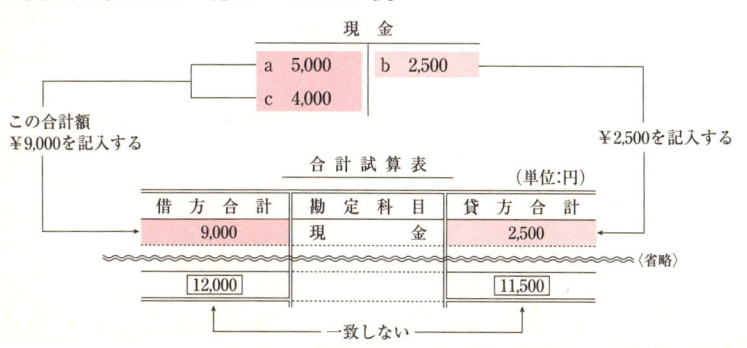

現　金

| a | 5,000 | b | 2,500 |
| c | 4,000 | | |

この合計額 ¥9,000を記入する

¥2,500を記入する

合　計　試　算　表　　　　　（単位:円）

借　方　合　計	勘　定　科　目	貸　方　合　計
9,000	現　　　　金	2,500

〈省略〉

| 12,000 | | 11,500 |

――― 一致しない ―――

決算整理

決算整理って何をするんですか？

正しい経営成績財政状態を示すためにはただ記録するだけではなくいくつかの整理修正が必要になるのよ

ほらお小遣い帳をつけてても後で見るとよくわからない理由の支出やつけ忘れなんかがあるじゃない

だから期中の仕訳や勘定への記入が正しく行われているかを確認してさらに決算整理仕訳を行なって各勘定に記録されている数字を決算用にふさわしいものにするのよ

なるほどつまり一年間たまった数字の大掃除ですね

そんなところかしら決算整理仕訳により修正されて勘定記録は正しく経営成績や財政状態を表すものになるのよ

精算表の作成

精算表は勘定記録が最終的にどのように損益計算書と貸借対照表に表示されるかという決算手続きの全体を1枚の表にしたものよ

精 算 表

(単位:円)

勘定科目	残高試算表 借方	残高試算表 貸方	損益計算書 借方	損益計算書 貸方	貸借対照表 借方	貸借対照表 貸方
現　　金	6,000				6,000	
資　本　金		5,000				5,000
売　　上		4,000		4,000		
仕　　入	2,500		2,500			
雑　　費	500		500			
純　利　益			1,000			1,000
	9,000	9,000	4,000	4,000	6,000	6,000

① 残高試算表は、各勘定の残高(借方と貸方の差額)を集計した表であり、会計期間における各項目の増減変化の結果を表しています。
② 6桁精算表では決算整理がないため、残高が損益計算書・貸借対照表に表示されます。したがって、資産・負債・純資産(資本)の項目は貸借対照表欄に、費用・収益は損益計算書欄に書き写します。
③ 損益計算書欄において収益(売上4,000)と費用(仕入2,500+雑費500=3,000)を比較して、純利益(4,000-3,000=1,000)を求め、借方側に赤字で記入します。(損益計算書欄の合計は一致します)。
④ 純利益は純資産(資本)として、貸借対照表の貸方に書き写します(貸借対照表欄の合計は一致します)。

精算表には決算整理がない場合に作成される6桁精算表と決算整理がある場合に作成される8桁精算表などがあるわ

上は試算表の作成で使った例を6桁精算表にしたものよ

決算振替仕訳

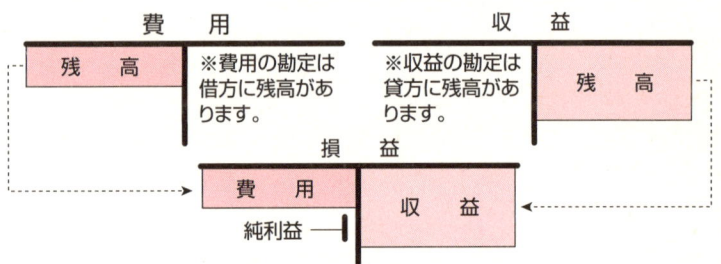

> 総勘定元帳上での決算はまず純損益を計算するのそのために損益勘定という勘定を新たに設けて

> 収益の各勘定残高を損益勘定の貸方に書き写しまた費用の各勘定残高を損益勘定の借方に書き写すのよ

```
        費　用                        収　益
   ┌─────────┐              ┌─────────┐
   │ 残　高  │              │         │ 残　高
   └─────────┘              └─────────┘
   ※費用の勘定は          ※収益の勘定は
     借方に残高があ          貸方に残高があ
     ります。                ります。
              損　益
        ┌─────────┐
        │ 費　用  │ 収　益 │
        └─────────┘
        純利益─
```

※費用が収益よりも大きい場合には純損失となります。
　純利益（損益勘定の残高）は資本金勘定に振替えます。

> このように収益・費用を損益勘定に集めて純利益を計算し資本金勘定に振替える処理を決算振替というのよ

> この記入のために行われる仕訳を決算振替仕訳というのよ

帳簿の締切り

決算振替仕訳などの処理を行ったら決算処理は完了よ

この後は次の会計期間の活動記録に備えて当期の記録の終了を示すための締切りを行うわ

財務諸表の作成

そして決算の最後は結果を報告するために財務諸表といわれる損益計算書と貸借対照表などを作成するのよ

これが済めば決算の手続きはすべて終了ね

損 益 計 算 書
〇年〇月〇日～〇年〇月〇日　　　　　　　（単位：円）

費　　　　　用	金　　額	収　　　　益	金　　額
売上原価(仕入)	250,000	売上高(売上)	400,000
給　　　　料	110,000	受 取 利 息	130,000
保　険　料	80,000	受 取 地 代	70,000
雑　　　　費	50,000		
支 払 利 息	65,000		
純　利　益	45,000		
	600,000		600,000

※表題の下の日付は「会計期間」を記載します。
　借方の「純利益」は赤字で記載します。

貸 借 対 照 表
〇年〇月〇日　　　　　　　　　　　（単位：円）

資　　　　産	金　　額	負債および純資産(資本)	金　　額
現　　　　金	300,000	買　掛　金	240,000
売　掛　金	200,000	借　入　金	165,000
貸　付　金	250,000	資　本　金	800,000
備　　　　品	100,000	純　利　益	45,000
建　　　　物	400,000		
	1,250,000		1,250,000

※表題の下の日付は「決算日」を記載します。
　貸方の「純利益」は黒字で記載します。

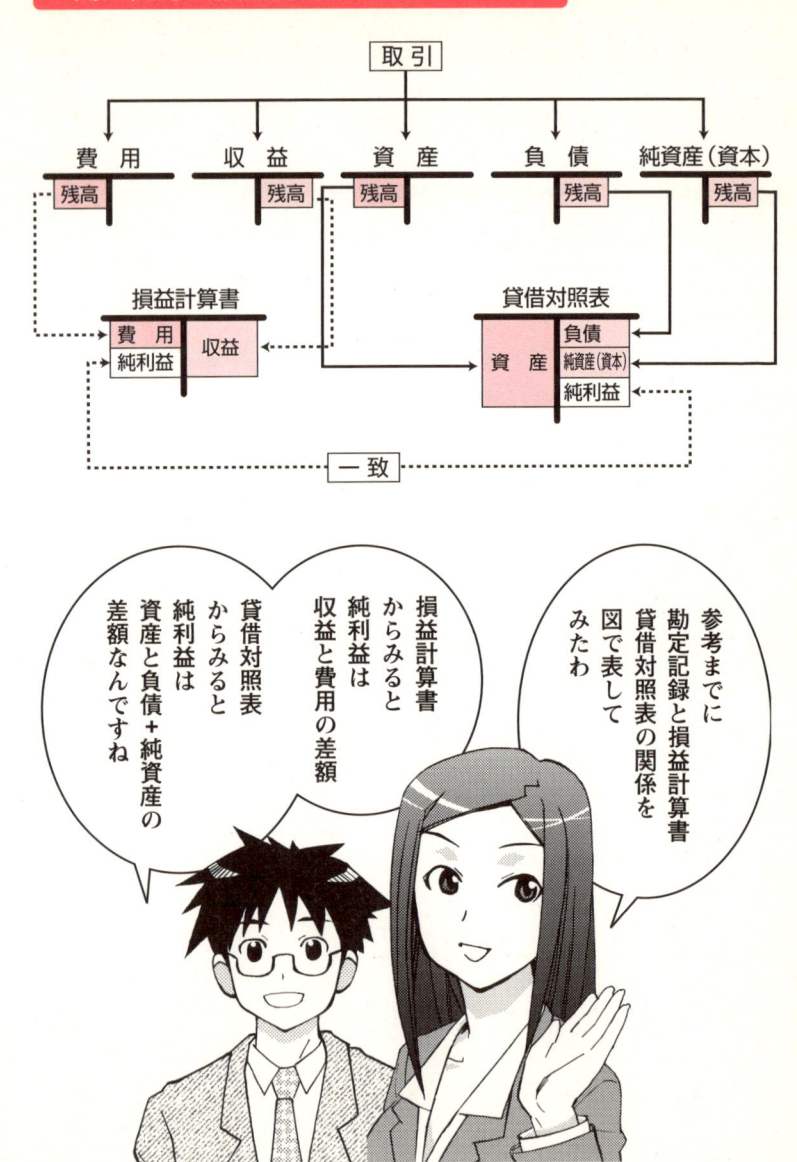

勘定記録と損益計算書・貸借対照表

```
           取引
  ┌────┬────┼────┬────┐
 費用  収益  資産  負債  純資産(資本)
 残高  残高  残高  残高  残高
```

損益計算書
| 費用 | 収益 |
| 純利益 | |

貸借対照表
資産	負債
	純資産(資本)
	純利益

―― 一致 ――

「参考までに勘定記録と損益計算書貸借対照表の関係を図で表してみたわ」

「損益計算書からみると純利益は収益と費用の差額貸借対照表からみると純利益は資産と負債+純資産の差額なんですね」

いいところに気がついたわね

純利益はさっきも言ったように資本金勘定に振替えられるわけだから

純利益は純資産(資本)の増加を逆に純損失は純資産(資本)の減少を意味するのよ

収益と費用の比較（損益法）

$$収益 - 費用 = 純利益$$
（マイナスの場合は純損失）

$$費用 + 純利益 = 収益$$
$$収益 + 純損失 = 費用$$

この算式を損益計算書等式という。

この純利益と純損失をあわせて純損益と呼ぶんだけどこの考え方を表したのが左の式よ

つまり一年間で純利益をどれだけ得られたかを計算する式ね

期首純資産と期末純資産の比較（財産法）

$$期末純資産(資本) - 期首純資産(資本) = 純利益$$
（マイナスの場合は純損失）

期首・期末ともに、「資産－負債＝純資産（資本）」です

$$期末資産 = 期末負債 + \underline{期末純資産(資本)}$$
$$\downarrow$$
$$期末資産 = 期末負債 + 期首純資産(資本) + 純利益$$

この算式を貸借対照表等式という。

9 現金・預金の取引と仕訳

簿記上の現金と当座預金、その他の預金

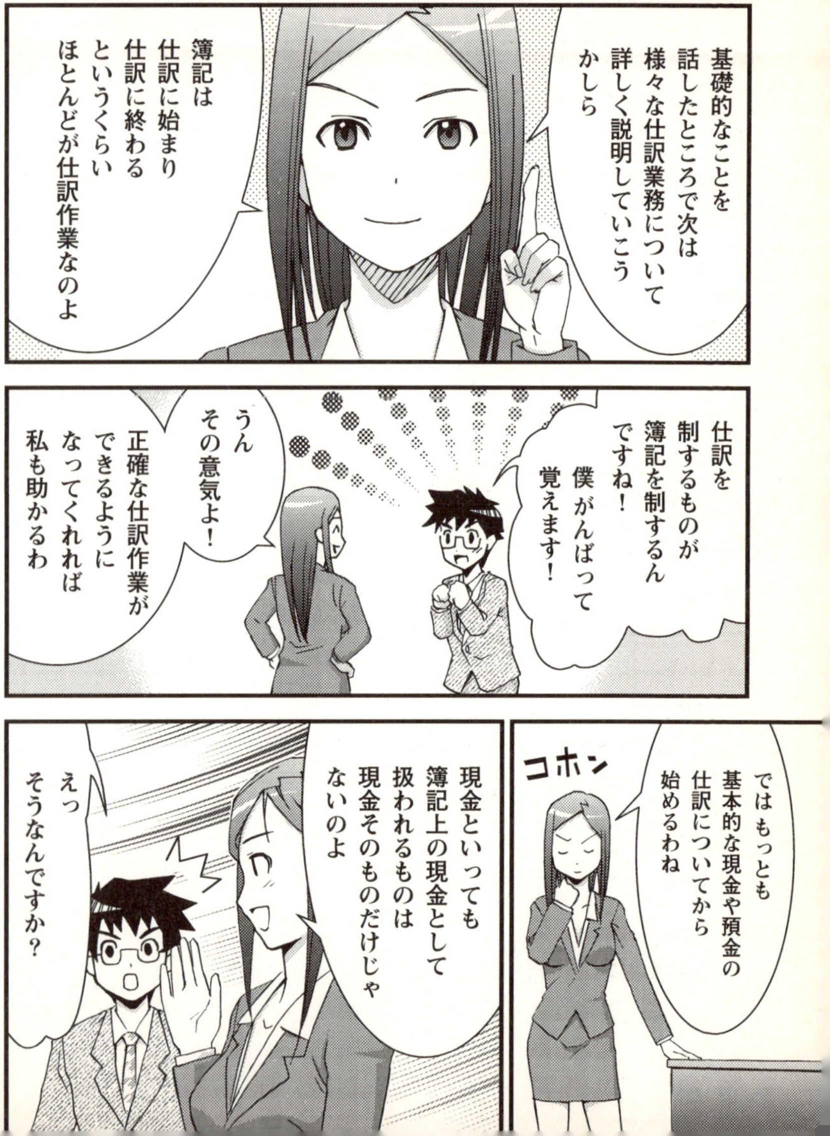

現　金

> 簿記上現金として扱われるものには
> ① 通貨（硬貨・紙幣）
> ② 他人振出の小切手
> ③ 送金小切手
> ④ 郵便為替証書
> ⑤ 期限の到来した公社債の利札
> ⑥ 配当金の領収証
> などがあるわ

■現金勘定の記入

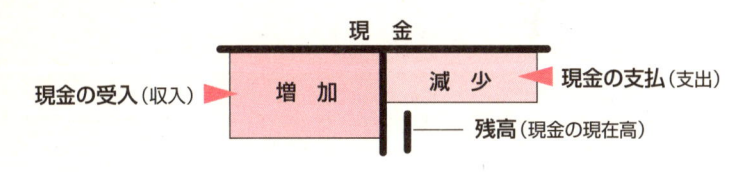

```
               現　金
現金の受入(収入) ▶ | 増　加 | 減　少 | ◀ 現金の支払(支出)
                          └─ 残高(現金の現在高)
```

> また現金の増加・減少の記録は現金勘定（資産）で行うのよ

> 下は現金の取引と仕訳の例よ 参考にしてね

1.現金の増加

(1) 熊本商店の売掛金￥250,000を、同店振出の小切手で受け取った。

| （借）現　金 | 250,000 | （貸）売　掛　金 | 250,000 |

(2) 福島商店に商品￥300,000を売渡し、代金として郵便為替証書を受け取った。

| （借）現　金 | 300,000 | （貸）売　　上 | 300,000 |

2.現金の減少

(3) 青森商店より商品￥100,000を仕入れ、代金は現金で支払った。

| （借）仕　入 | 100,000 | （貸）現　金 | 100,000 |

当座預金

「ところで当座預金はわかるかしら？あなたが預金している普通預金とは違うわよ」

「えっ違うんですか!?」

「当座預金とは預金者が銀行に当座預金を開設し以後の引出しを小切手により行う銀行預金のこと」

「引出しが容易に行えるけれど普通預金のように利息はつかないのよ」

■当座預金のしくみ

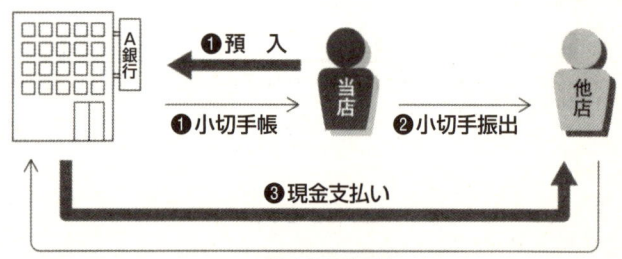

① 預入
① 小切手帳
② 小切手振出
③ 現金支払い
③ 小切手呈示

（A銀行／当店／他店）

① 取引銀行に当座預金口座を開設する（手持ちの現金を預入れる）。
  ＊銀行より小切手帳を受取る。
② 代金の支払等のため、小切手を振出す（必要事項を記入し、相手に渡す）。
③ 小切手を受取った人は、銀行にその小切手を呈示し、現金と引換える。
  その他、公共料金の自動引落し、商品代金の銀行振込の口座などに用いる。

■当座預金勘定の記入

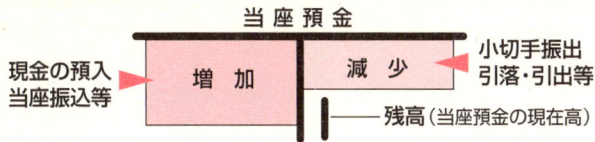

```
            当 座 預 金
現金の預入  │         │         │  小切手振出
当座振込等  │  増 加  │  減 少  │  引落・引出等
            │         │         │
                      └─ 残高（当座預金の現在高）
```

1.当座預金の増加

(1) 手持ちの現金¥500,000を、取引銀行に預入れ、当座預金口座を開設した。

（借）　当　座　預　金　　500,000　　（貸）　現　　　　　金　500,000

(2) 山形商店より売掛金¥30,000を回収し、ただちに当座預金に預入れた。

（借）　当　座　預　金　　30,000　　（貸）　売　掛　金　　30,000

2.当座預金の減少

(3) 福岡商店より商品¥50,000を仕入れ、代金は小切手を振出して支払った。

（借）　仕　　　　　入　　50,000　　（貸）　当　座　預　金　50,000

(4) 水道光熱費¥12,000が当座預金口座より引き落された旨、取引銀行より通知を受けた。

（借）　水　道　光　熱　費　12,000　　（貸）　当　座　預　金　12,000

3.その他

(5) 山形商店に商品を¥30,000で売上げ、代金は山形商店振出しの小切手で受取った。

（借）　現　　　　　金　　30,000　　（貸）　売　　　　　上　30,000

(6) 秋田商店より商品¥40,000を仕入れ、代金は上記(5)の小切手および当店振出しの小切手で支払った。

（借）　仕　　　　　入　　40,000　　（貸）　現　　　　　金　30,000
　　　　　　　　　　　　　　　　　　　　　　当　座　預　金　10,000

※山形商店から小切手受取時に現金の増加処理。その手持ちの小切手を渡しており、現金の減少処理。

> 当座預金の増加・減少の記録は当座預金勘定で行うのよ

> 上は当座預金勘定の取引と仕訳の例ね

> 小切手などは紙幣・通貨のようなお金ではないけど同じように考えればわかりやすいですね

その他の預金

その他の預金についても説明しておくわ

当座預金以外には次のようなものがあるのよ
① 普通預金
② 定期預金
③ 通知預金
④ その他、納税準備預金など

■預金の種類

① **普通預金**
　預入・引出が自由に行えるもの
② **定期預金**
　1年・2年等、一定期間の引出しが行えないもの
③ **通知預金**
　引出し前に、その旨を通知するもの
④ **その他、納税準備預金など**

当座預金との違いはおもに利息の有無や引出しの方法などにあるの

これらの預金についてはそれぞれの預金の名称を付した勘定を用いて記録するけど現金とまとめて現金預金勘定で処理する方法もあるのよ

■定期預金勘定の記入

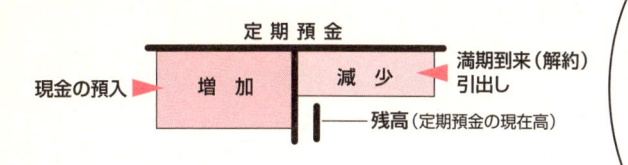

```
           定期預金
現金の預入 │ 増 加 │ 減 少 │ ← 満期到来(解約)引出し
                    └─ 残高(定期預金の現在高)
```

> 左は定期預金の場合よ
> 定期預金勘定として
> 定期預金の増加・減少を記録するの

> 下は参考までに定期預金勘定の取引と仕訳の例よ
>
> その預金はすべて資産になり
> 入金されれば借方
> 引出しがあれば貸方
> に記入するのよ

1.定期預金の増加

(1) 群馬商店より受入れた小切手¥100,000を、定期預金(期間1年)とした。

| (借) | 定期預金 | 100,000 | (貸) | 現　　金 | 100,000 |

2.定期預金の減少

(2) (1)の定期預金が満期となり、利息¥5,000とともに普通預金に振替えた。

| (借) | 普通預金 | 105,000 | (貸) | 定期預金 | 100,000 |
| | | | | 受取利息 | 5,000 |

> ちなみに納税準備預金は企業が税金を支払う資金を準備しておくために預け入れる預金のことよ

第2章 仕訳

⑩ 商品取引と仕訳 ①
記帳方法、分記法と分割法

仕入　　　　販売

利益を加える

商品売買業では「できるだけ安く物品を仕入れその物品に利益を加えて販売することによって儲ける」というのが基本よね

つまり商品の購入すなわち「仕入」と販売すなわち「売上」という活動が中心なの

そしてそのためその商品売買活動を帳簿に記録することが必要になるのよ

そこで登場するのが分記法と分割法という記録方法なの

仕入先　→　パソコン　→　当店 ○×商店　→　得意先

分記法

分記法とは
商品の増加（仕入）と
減少（売上）を
原価（仕入金額）で
商品勘定に
記録する方法よ
また商品を販売した
時には原価と代金
受取額の差額を
商品販売益勘定に
記録するのよ

■商品を仕入れた時

商　品	
借方に 商品の仕入れ	貸方に 商品の売上げ

（両方とも仕入原価で記入）

■商品を販売した時

商品販売益	
	貸方に 商品販売益 （売価－仕入原価）

この仕訳は
商品勘定を
使った
仕訳の例よ

1.商品の増加（仕入）

(1) 埼玉商店より商品¥500,000を仕入れ、代金は現金で支払った。

（借）商　　　品	500,000	（貸）現　　　金	500,000

2.商品の減少（売上）

(2) 岐阜商店に原価¥400,000の商品を¥600,000で売渡し、代金は掛とした。

（借）売　掛　金	600,000	（貸）商　　　品 　　　商品販売益	400,000 200,000

※商品を販売したとき、その販売した商品の原価（売上原価といいます）を貸方に記入し、代金受取額との差額を貸方に記入します。

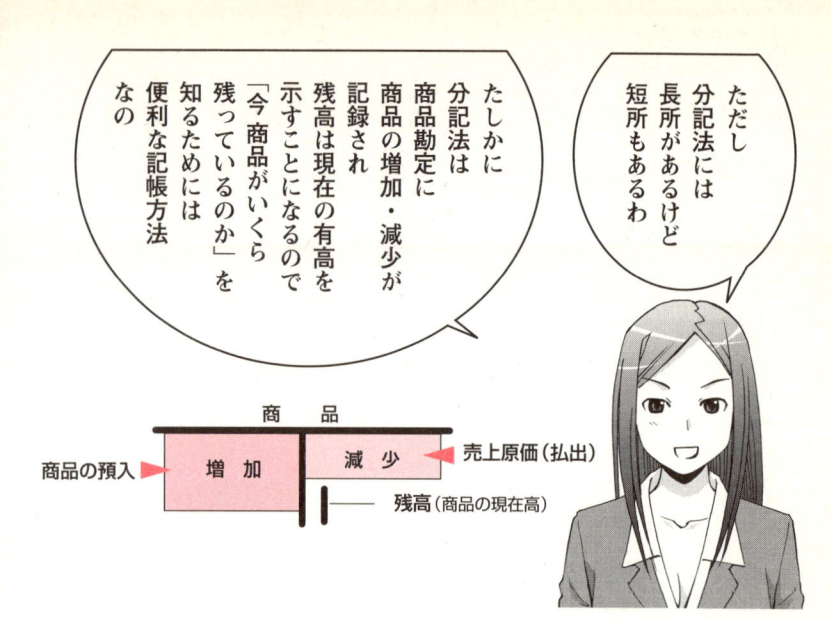

ただし分記法には長所があるけど短所もあるわ

たしかに分記法は商品勘定に商品の増加・減少が記録され残高は現在の有高を示すことになるので「今商品がいくら残っているのか」を知るためには便利な記帳方法なの

```
                 商品
商品の預入 →  | 増加 | 減少 | ← 売上原価（払出）
                     └─ 残高（商品の現在高）
```

でも現実には多種類・多量の商品を扱っているので販売する度に「この商品はいくらで仕入れたのか」という売上原価を調べるには非常に手数がかかり実行するには困難な記録方法なのよ

だから分記法は商品以外の有価証券や固定資産などの記録に用いられることがほとんどなの

なるほど記入するときにその商品の仕入れ値を調べて原価と利益にそれぞれ分けるのは手間ですね
返品や値引きの処理も大変だあ

分割法

> それに対し分割法は商品勘定を用いずに取引をいくつかの勘定に分割して記録する方法でおもに3つに分割する3分法が一般的なのよ

■3分法で分割された3つの勘定

① 繰越商品勘定　商品の有高（前期繰越高・次期繰越高）を記録する資産の勘定。
② 仕 入 勘 定　商品の当期仕入高をその支払額（原価）で記録する費用の勘定。
③ 売 上 勘 定　商品の当期売上高をその受入額（売価）で記録する収益の勘定。

```
        繰越商品
┌─────────┬──────────────────
│ 前期繰越 │ 期首商品有高
│         │ （期中取引は記録しません）
```

```
        仕   入                        売   上
┌─────────┬──────────────    ──────────────┬─────────
│ 仕 入 高 │ 商品の増加を     商品の減少を  │ 売 上 高
│         │ 原価で記録       売価で記録    │
```

> 分割法はひんぱんに行われる商品売買取引を簡単に記録できるので商品売買ではひろくこの記録方法が用いられているわ
>
> ただし仕入勘定は商品の増加の記録のみで売上勘定は商品販売時の収入の記録のままなのでこの両者を比較しても儲けはわからないの
>
> そのためそれとは別に商品販売益を知るためには期末に勘定を整理して売上原価を求める計算をしなければならないのよ

第2章 仕訳

⑪ 商品取引と仕訳 ②
仕入勘定と売上勘定

先輩これ商品を仕入れた時の伝票なんですけど引取運賃や運送保険料を支払っているようなんですが…

ああ それね

それらは「仕入諸掛」といって仕入代金(仕入原価)に含めて記帳するのよ

そうなんですか?

逆に商品を販売する時に発送運賃などを支払うことがあるけど

これらは「発送諸掛」といって売上代金から差し引かず発送費勘定という別の勘定を用いて記帳するの

仕入取引と売上取引では同じ「諸掛」であっても勘定の処理が違うから気をつけてね

仕入取引

仕入商品の代金の支払いは現金・小切手・手形または掛などで行われるわよね

そのため仕入時に必要な引取運賃や運送保険料のような仕入諸掛は仕入に含めて仕入勘定の借方に記録されるのよ

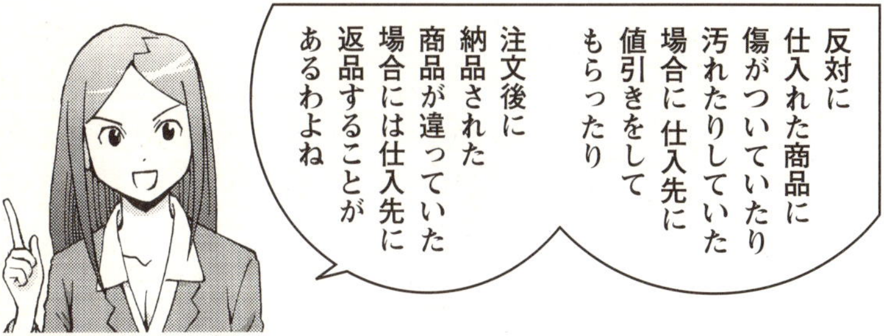

反対に仕入れた商品に傷がついていたり汚れたりしていた場合に仕入先に値引きをしてもらったり

注文後に納品された商品が違っていた場合には仕入先に返品することがあるわよね

■仕入勘定の記入

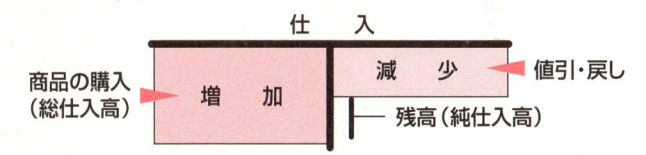

```
            仕    入
商品の購入 ┃        ┃  減  少  ◀ 値引・戻し
(総仕入高) ◀ 増  加 ┃
           ┃        ┃── 残高(純仕入高)
```

仕入取引(商品の増加)の記録は
仕入勘定(費用)で行う。

そうした場合にはその金額を仕入勘定の貸方に記入するのよ

売上取引

売上商品もまた仕入商品と同様
代金の受取りは
現金・小切手・手形
または掛などで
行っているわ

それからさっきは
発送諸掛を
発送費勘定に
記録すると
いったけど
発送費を先方が
負担する場合
があって

その場合は
立替えて
支払った金額を
回収できるので
売掛金勘定に
含めるか
または
立替金勘定（資産）で
処理するのよ

■例えば、商品を¥100,000を掛で売渡し、発送諸掛¥5,000を現金で支払った場合

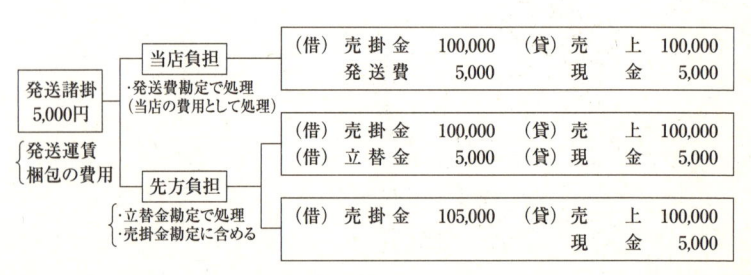

発送諸掛 5,000円 発送運賃 梱包の費用	当店負担 ・発送費勘定で処理 （当店の費用として処理）	(借) 売 掛 金 100,000 (貸) 売 上 100,000 発 送 費 5,000 現 金 5,000
	先方負担 ・立替金勘定で処理 ・売掛金勘定に含める	(借) 売 掛 金 100,000 (貸) 売 上 100,000 (借) 立 替 金 5,000 (貸) 現 金 5,000
		(借) 売 掛 金 105,000 (貸) 売 上 100,000 現 金 5,000

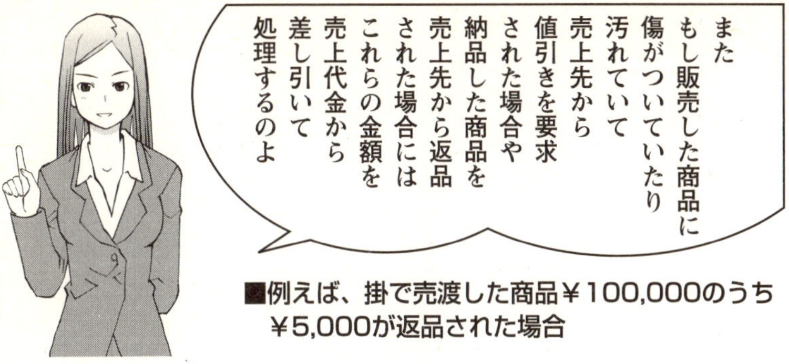

またもし販売した商品に傷がついていたり汚れていて売上先から値引きを要求された場合や納品した商品を売上先から返品された場合にはこれらの金額を売上代金から差し引いて処理するのよ

■例えば、掛で売渡した商品¥100,000のうち¥5,000が返品された場合

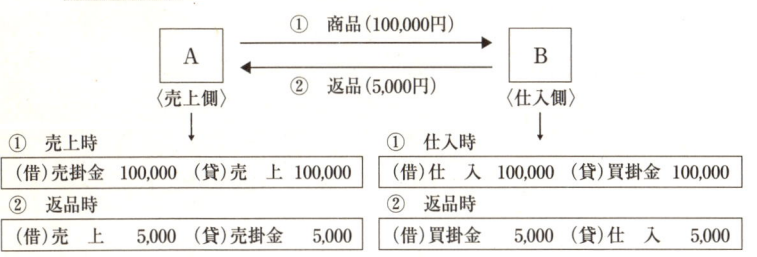

```
            ① 商品（100,000円）
    A  ──────────────────────→  B
  〈売上側〉  ② 返品（5,000円）    〈仕入側〉
```

① 売上時
| (借)売掛金 100,000 (貸)売　上 100,000 |

② 返品時
| (借)売　上　5,000 (貸)売掛金　5,000 |

① 仕入時
| (借)仕　入 100,000 (貸)買掛金 100,000 |

② 返品時
| (借)買掛金　5,000 (貸)仕　入　5,000 |

■売上勘定の記入

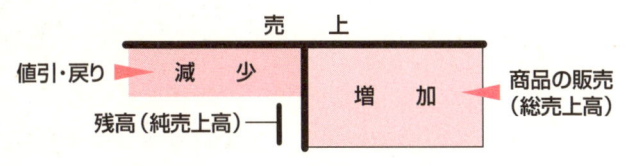

```
              売　　上
値引・戻り ← 減　少 │ 増　加 ← 商品の販売
           残高（純売上高）│        （総売上高）
```

売上取引（商品の販売）の記録は、売上勘定（収益）で行う。

このように仕入取引や売上取引で行われる諸掛に関する支払いが仕入勘定や売上勘定での記録にどう反映されるかきちんと理解することが大事なのよ

はい　わかりました

第2章 仕訳

⑫ 手形取引と仕訳
約束手形、手形の振出と受取

――商品売買において、その代金の受取や支払手段として掛や現金や小切手のほかに何があるかわかる?

――えっと…手形ですね

――そう 手形よ

――手形は商品売買の代金を一定期日に支払うもしくは受取ることを約束した証書なのよ

――約束ですか…ちゃんと支払われるという信頼があってこそですね

――そう 資金繰りがうまく行かず不渡りになるということも聞いたことあるでしょ

――これは大事なことなのよ

手形取引

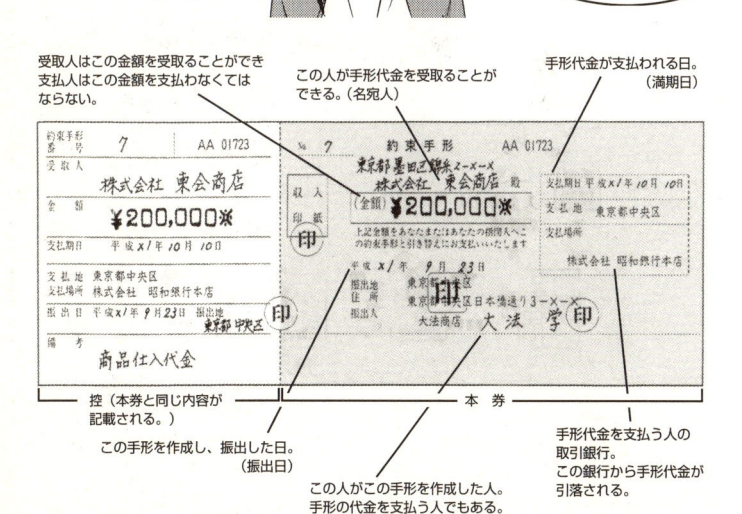

手形取引には
① **振出人** 手形を作成する人
② **支払人** 手形代金を支払う義務を負う人
③ **受取人** 手形代金を受取る権利を得る人
という3人の関係者が出てくるわ

手形取引の内容によって用いる手形の種類はいろいろあるけど2者間で手形取引する場合は約束手形が用いられるの

約束手形は振出人と支払人が同一なので受取人との2者間で交わされることになるのよ

受取人はこの金額を受取ることができ支払人はこの金額を支払わなくてはならない。

この人が手形代金を受取ることができる。(名宛人)

手形代金が支払われる日。(満期日)

控(本券と同じ内容が記載される。)

この手形を作成し、振出した日。(振出日)

この人がこの手形を作成した人。手形の代金を支払う人でもある。

手形代金を支払う人の取引銀行。この銀行から手形代金が引落される。

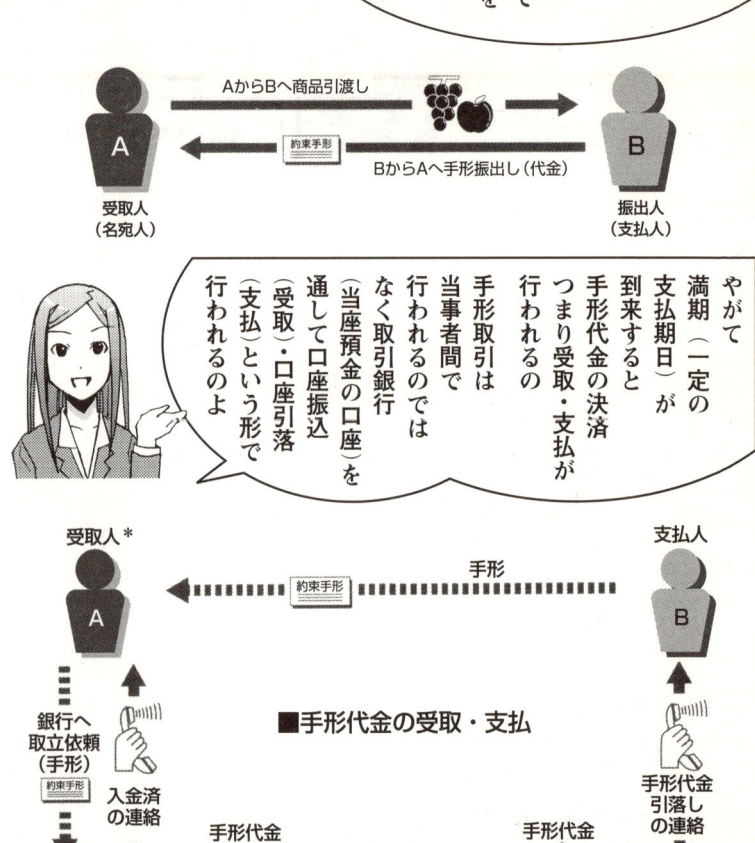

■手形の振出と受取

> 下の図はAさんがBさんに商品を販売しBさんが代金として約束手形を振出してAさんに渡した例よ

AからBへ商品引渡し

約束手形

BからAへ手形振出し(代金)

A 受取人(名宛人)　　B 振出人(支払人)

> やがて満期（一定の支払期日）が到来すると手形代金の決済つまり受取・支払が行われるの
> 手形取引は当事者間で行われるのではなく取引銀行（当座預金の口座）を通して口座振込（受取）・口座引落（支払）という形で行われるのよ

受取人＊　　　　　　　　手形　　　　　　　　支払人

約束手形

A　　　　　　　　　　　　　　　　　　　　　B

銀行へ取立依頼（手形）　　　　　　　　　　手形代金引落しの連絡

約束手形

入金済の連絡

手形代金　　　　　　　　　　　　手形代金

約束手形　　　　　　　　　　　約束手形

Aの取引銀行　　手形　　手形交換所　　手形　　Bの取引銀行

■手形代金の受取・支払

＊手形の所持人（受取人）は、満期が来る前にその手形を他人に譲渡したり、銀行で換金したりすることができます。

■受取手形勘定の記入（受取人の記録）

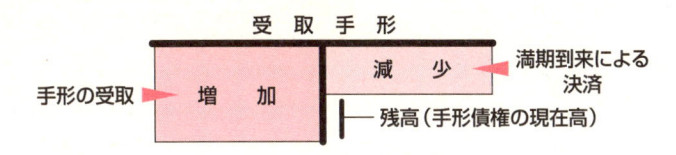

```
              受 取 手 形
手形の受取 ▶  増  加  │ 減  少  ◀ 満期到来による
                     │                決済
                     └ 残高（手形債権の現在高）
```

■支払手形勘定の記入（支払人の記録）

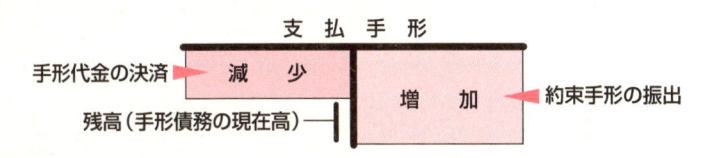

```
              支 払 手 形
手形代金の決済 ▶ 減  少 │  増  加  ◀ 約束手形の振出
               └ 残高（手形債務の現在高）
```

> 手形の受取人側は手形債権の増加・減少の記録を受取手形勘定（資産）で行うのよ
> また支払人側は手形債務の増加・減少の記録は支払手形勘定（負債）で行うのよ

1. 約束手形の振出
(1) 愛媛商店より商品¥220,000を仕入れ、代金は約束手形を振出して支払った。

（借）仕　　　　　入　220,000　（貸）支 払 手 形　220,000

2. 約束手形の受入
(2) 沖縄商店に商品¥500,000を売渡し、代金は同店振出の約束手形で受取った。

（借）受 取 手 形　500,000　（貸）売　　　　　上　500,000

3. 振出した約束手形の満期支払
(3) かねて振出した約束手形¥400,000が満期につき、支払われた旨、銀行より通知があった。

（借）支 払 手 形　400,000　（貸）当 座 預 金　400,000

4. 所有している約束手形の満期受取
(4) 佐賀商店から受取った約束手形¥250,000が満期につき、当座入金された

（借）当 座 預 金　250,000　（貸）受 取 手 形　250,000

> これは約束手形の取引と仕訳の例よ

第2章 仕訳

⑬ 債権・債務
掛取引、手形取引、未収金・未払金、貸付金・借入金

はい缶コーヒー

わーありがとうございます

ところで手形の話の中で債権とか債務という言葉がありましたがどういう意味ですか？

そうねぇつまり…

あいまの缶コーヒー代払ってね

えっお金取るんですか？

う…いま持ち合わせがないんで後でいいですか？

ふふ このように後で金銭などを支払わなくてはいけない義務を「債務」

受取る権利を「債権」というの

安心しなさいコーヒーはおごりよ

債権は具体的には受取手形・売掛金・貸付金・未収金などのことで資産にあたるわ

また債務は具体的には支払手形・買掛金・借入金・未払金などをいい負債にあたるのよ

ううっ…また新しい言葉が続々と…

あらついていけてないようね

順に説明してあげないといけないわね

はい

まず掛取引っていうのはわかるわよね？

商品売買において信用売りしたり信用買いしたりすることですよね

代金を後払いで取引するというような

掛取引　売掛金・買掛金

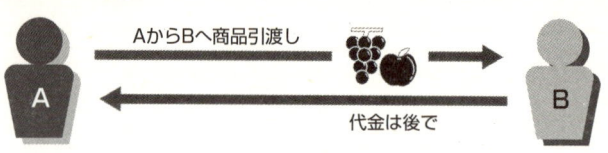

そう代金を後で受取る約束で売ることを掛売りその代金を売掛金といってまた代金を後で支払う約束で買うことを掛買いその代金を買掛金というのよ

AからBへ商品引渡し
代金は後で

A（売上側）…掛代金を後で受取ることができる　→　売掛金
B（仕入側）…掛代金を後で支払わなければならない　→　買掛金

1. 売掛金・買掛金の発生

（1）大分商店に商品¥700,000を売渡し、代金は後日受取ることとした。

| （借）売 掛 金 | 700,000 | （貸）売 上 | 700,000 |

（2）長崎商店より商品¥650,000を仕入れ、代金のうち¥300,000は手持ちの他人振出小切手で支払い、残額は掛とした。

| （借）仕 入 | 650,000 | （貸）現 金 | 300,000 |
| | | 買 掛 金 | 350,000 |

2. 掛代金の受取り・支払い

（3）福井商店より売掛金¥40,000を回収し、当座預金とした。

| （借）当 座 預 金 | 40,000 | （貸）売 掛 金 | 40,000 |

（4）新潟商店に対する買掛金¥150,000の支払いのため、約束手形を振出した。

| （借）買 掛 金 | 150,000 | （貸）支 払 手 形 | 150,000 |

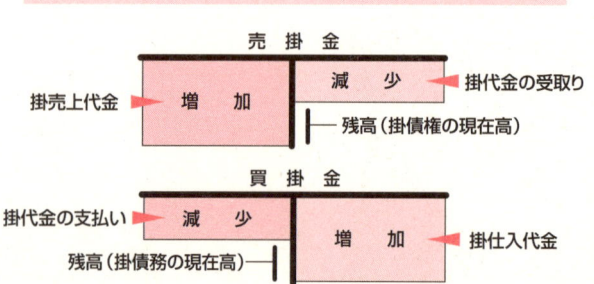

売掛金は債権だから資産
買掛金は債務だから負債よ

売　掛　金
掛売上代金 → 増　加 ｜ 減　少 ← 掛代金の受取り
残高（掛債権の現在高）

買　掛　金
掛代金の支払い → 減　少 ｜ 増　加 ← 掛仕入代金
残高（掛債務の現在高）

手形取引　受取手形・支払手形

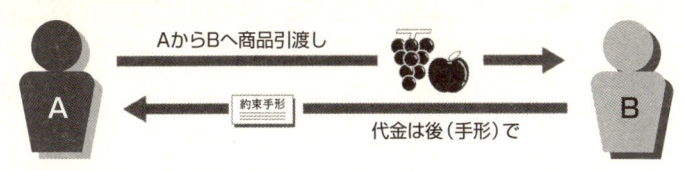

AからBへ商品引渡し

約束手形

代金は後（手形）で

A（売上側）…手形代金を後で受取ることができる　→　受取手形
B（仕入側）…手形代金を後で支払わなければならない　→　支払手形

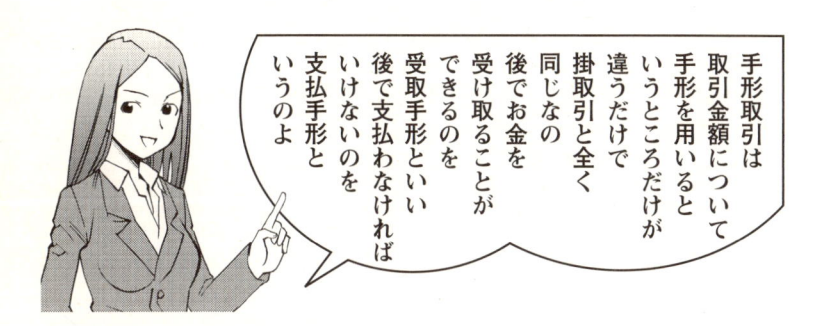

> 手形取引は取引金額について手形を用いるというところだけが違うだけで掛取引と全く同じなの後でお金を受け取ることができるのを受取手形といい後で支払わなければいけないのを支払手形というのよ

主たる経営活動以外の取引　未収金・未払金

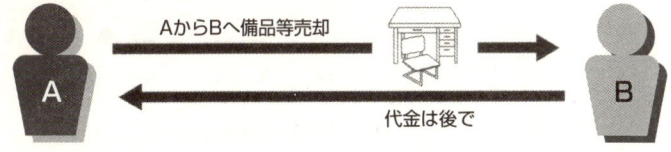

AからBへ備品等売却

代金は後で

A（売却側）…代金を後で受取ることができる　→　未収金
B（購入側）…代金を後で支払わなければならない　→　未払金

> ところで未収金・未払金てなんですか？

> 商品などの主たる経営活動以外の土地や建物、備品、有価証券などを売却したり購入したりした時の債権や債務のことよ

■未収金勘定と未払金勘定の記入

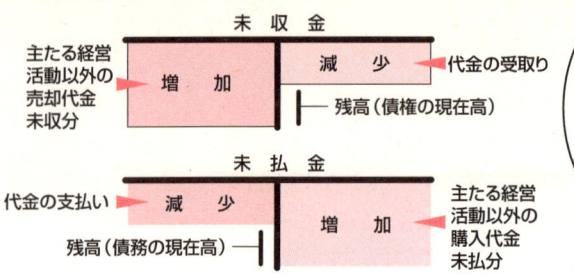

未 収 金

| 主たる経営活動以外の売却代金未収分 → | 増 加 | 減 少 | ← 代金の受取り |

残高（債権の現在高）

未 払 金

| 代金の支払い → | 減 少 | 増 加 | ← 主たる経営活動以外の購入代金未払分 |

残高（債務の現在高）

それぞれ未収金は債権だから資産、未払金は債務だから負債ですね

売却したときの未回収の代金を未収金といい、逆に購入したときの未払い代金を未払金というのよ

金銭の貸付け・借入れ　　貸付金・借入金

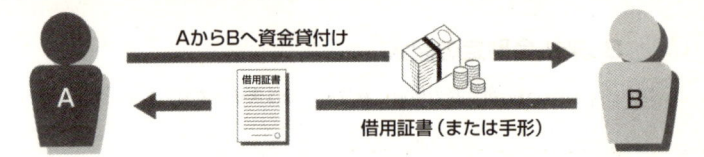

AからBへ資金貸付け
借用証書（または手形）

A（貸付側）…貸付金額を後で返してもらうことができる　→　貸付金
B（借入側）…借入金額を後で返さなければならない　→　借入金

企業は活動資金として銀行や他店から借入れたり、逆に事業を円滑に進めるために資金を貸付けることがあるの　そうしたものを借入金や貸付金というのよ

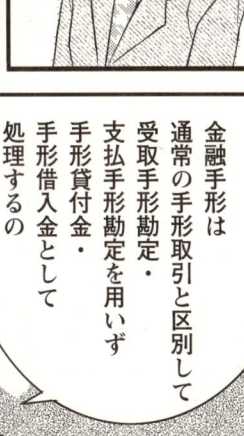

この場合借入れた側は借用証書をその証拠書類として相手に渡して

返済は借用証書の記載事項にしたがって行われるのよ

この金銭の貸し借りには利息の計算が行われるのが普通よ

平たく言えば借金ですね

まあそうね

それから貸付け・借入れの際に借用証書の替わりに約束手形を振出す場合があるんだけどその場合の手形を金融手形というのよ

金融手形は通常の手形取引と区別して受取手形勘定・支払手形勘定を用いず手形貸付金・手形借入金として処理するの

もしくはたんに貸付金・借入金として処理してもかまわないのよ

■貸付金勘定と借入金勘定の記入

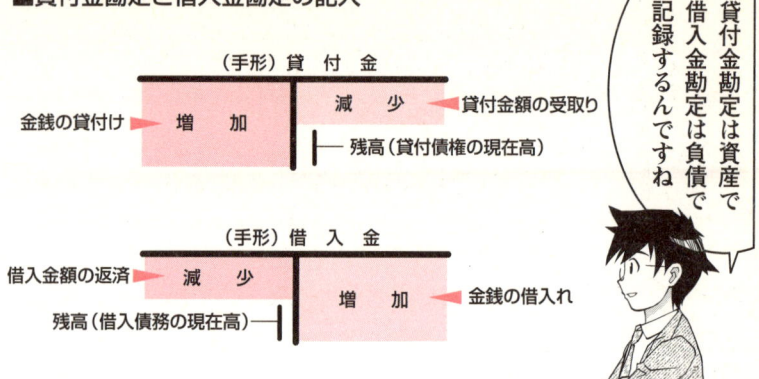

```
          (手形) 貸 付 金
金銭の貸付け │ 増 加 │ 減 少  ← 貸付金額の受取り
                    └ 残高（貸付債権の現在高）

          (手形) 借 入 金
借入金額の返済 → │ 減 少 │ 増 加  ← 金銭の借入れ
  残高（借入債務の現在高）┘
```

貸付金勘定は資産で借入金勘定は負債で記録するんですね

貸付金や借入金の今までの商品取引と一番違うところはなんといっても利息の計算があるところなの

そうかもとの金額だけではなく利息も支払ったり受取ったりしなくてはいけないんですね

■利息の計算方法

利息の計算の例

(1) 宮崎商店に現金¥100,000を期間3ヶ月、利率年5％の約束で貸し付けた。
　　その場合の受取利息の金額の計算。

$$¥100,000 \times 5\% \times \frac{3ヶ月}{12ヶ月} = ¥1,250$$

(2) 岩手銀行より¥130,000を年利率4％、借入期間73日の約束で借入れた。
　　その場合の支払利息の金額の計算。

$$¥130,000 \times 4\% \times \frac{73日}{365日} = ¥1,040$$

利息の支払いについては借用証書に明記されているわ

> 金銭の貸し借りを行う際には、金額の計算だけでなく支払いや受取りの方法についても注意が必要よ

■利息の支払い（受取り）方法

利息の支払い（受取り）方法には次の2つの方法がある。

ア．返済時に一括して支払う方法

［借入時］借入総額を現金等で受取ります。

| （借）現　　　　金　300,000 | （貸）借　入　金　300,000 |

［返済時］借入総額に利息を加えて、返済（支払）します。

| （借）借　入　金　300,000 | （貸）現　　　　金　302,400 |
| 　　　支 払 利 息　　2,400 | |

イ．借入時に利息を差引いた金額を受取る方法（天引きする場合）

［借入時］借入総額から利息を差引いた額を現金等で受取ります。

| （借）現　　　　金　297,600 | （貸）借　入　金　300,000 |
| 　　　支 払 利 息　　2,400 | |

［返済時］借入総額を返済（支払）します。

| （借）借　入　金　300,000 | （貸）現　　　　金　300,000 |

■貸付金・借入金の取引と仕訳の例

1. 貸付金・借入金の発生（金銭の貸し借り）

(1) 島根商店に現金¥200,000を貸付け、借用証書の替わりに同店振出の約束手形を受取った。

| （借）(手形)貸付金　200,000 | （貸）現　　　　金　200,000 |

(2) 岡山銀行より¥600,000を約束手形を振出して借入れ、利息を差引かれ、手取金を当座預金とした。なお、借入期間は146日、利率は年8%である。

| （借）当座預金　580,800 | （貸）(手形)借入金　600,000 |
| 　　　支払利息　 19,200 | |

※ $¥600,000 \times 8\% \times \dfrac{146日}{365日} = ¥19,200$

2. 貸付金額の受取り・借入金額の返済

(3) 長野商店に貸付けた¥500,000を、利息¥3,000とともに現金で受取った。

| （借）現　　　　金　503,000 | （貸）貸　付　金　500,000 |
| | 　　　受 取 利 息　　3,000 |

(4) 上記(2)の岡山銀行からの借入金を、本日満期につき現金で返済した。

| （借）(手形)借入金　600,000 | （貸）現　　　　金　600,000 |

> 左は取引と仕訳の例
> 貸付側には受取利息、借入側では支払利息として利息を記入するのよ

第2章 仕訳

有価証券の取引と仕訳
⑭ 売買目的有価証券の記録

利息で思い出したんですが
国債や社債でも
利息を受取ることが
あったような…

あら
よく知ってるわね

株券や社債券などは
配当金や利息を
受取れるものよね
これらはまとめて
有価証券というのよ

なかでも企業に
余裕があるときに
売買による
儲けを期待して
所有する有価証券を
売買目的有価証券というのよ

持っていれば
利息や配当金が入るほか
資金が必要になった時は
売却して金銭を
得ることができるし

株式の場合は
値上がりすれば
儲けも
期待できるのよ

有価証券の取引

■有価証券の種類

① **国債**（国が発行）
② **公債**（地方自治体が発行）
③ **社債**（会社が発行）
　各団体が資金借入を募り、引換に交付する債権
　↓
　一定の利息を得られる
④ **株式**（株式会社が発行）
　株式会社が出資を募り、引換に交付する社員権
　↓
　その会社の営業成績により配当金を得られる

> 有価証券の種類は次の通りよ

> 有価証券の売買は原則として証券会社を通じて行われるので

> 購入時や売却時には証券会社に対して手数料などの費用が発生するためこうした費用は購入時は有価証券の価額（買入価額）に含めて処理して売却時にはその有価証券の価額と売却価額との差額を有価証券売却益勘定（収益）または有価証券売却損勘定（費用）として処理するのよ

■売買目的有価証券勘定の記入

売買目的有価証券

購入 → | 増　加 | 減　少 | ← 売却
残高（売買目的有価証券の現在高）

> 売買目的有価証券の増加・減少の記録は売買目的有価証券勘定（資産）で行うのよ

> 社債の額面は1口￥100を原則として社債券に印刷されているんだけど購入側が記録する場合は額面は無視してあくまでも購入価額を基準に記録を行うのが原則ね

■有価証券の取引と仕訳の例

1.有価証券の購入

(1) 売買目的で滋賀工業の株式500株を、@￥595で買入れ、代金と買入手数料￥2,500とともに小切手を振出して支払った。

　(借)売買目的有価証券　300,000　　(貸)当座預金　300,000

　※　株式の取得価額＝株式数×買入単価＋買入手数料

　　　500株 × @￥595＋￥2,500＝￥300,000

(2) 売買目的で静岡物産の社債（額面￥500,000）を、@￥98.5で買入れ、代金は後日払いとした。なお、買入手数料￥5,500は現金で支払った。

　(借)売買目的有価証券　498,000　　(貸)未 払 金　492,500
　　　　　　　　　　　　　　　　　　　　現 　 金　　5,500

　※　社債の取得価額＝社債額面×$\dfrac{買入単価}{@￥100}$＋買入手数料

　　　￥500,000 × $\dfrac{@￥98.5}{@￥100}$ ＋￥5,500＝￥498,000

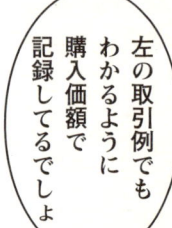

> 左の取引例でもわかるように購入価額で記録してるでしょ

■有価証券の取引と仕訳の例

2.有価証券の売却

(1)売買目的のために先に1株につき¥12,000で購入した富山電器株式10株を、1株につき¥10,500で売却し、代金は小切手で受取った。

(借)	現　　　　　金	105,000	(貸)	売買目的有価証券	120,000
	有価証券売却損	15,000			

※ 株式の売却原価 ＝ 売却株式数 × 買入単価

10株 × @¥12,000 = ¥120,000

(2)売買目的のために先に額面¥100につき¥97で買入れた神奈川電鉄の社債のうち額面総額¥900,000を額面¥100につき¥99で売却し、代金は月末に受取ることにした。

(借)	未　　収　　金	891,000	(貸)	売買目的有価証券	873,000
				有価証券売却益	18,000

※ 社債の売却原価＝売却社債額面×$\dfrac{買入単価}{@¥100}$

$¥900,000 \times \dfrac{@¥97}{@¥100} = ¥873,000$

3.その他

(3)所有する社債について利札(¥3,000)の期限が到来した。

(借)	現　　　　　金	3,000	(貸)	※有価証券利息	3,000

※ 「有価証券利息」は、「受取利息」でもかまいません。

(注)利札について

　利札とは社債券に付いている利息を受取れる権利を表す証書のことです。社債の利息支払日以後、社債券から利札を切取って銀行等に持込むことによって利息を受取ることができるのです。
　利札は、利息の支払期間以後は現金勘定で処理します。

有価証券の記録はつねに買入価額で行うのが基本なの

株式や社債は日々売り買いされて値段が変化するものだけど決算のときだけ比較して処理する必要があるわ

第2章 仕訳

⑮ 固定資産・消耗品の取引と仕訳

建物、車両運搬具、土地、備品、消耗品

あれ その車どうするんですか？営業用ですよね

ああこれ？売却しようと思って

先輩 こういう場合はどう処理するんですか？

有形固定資産の売却ね

有形固定資産？

資産の中でも店舗・倉庫等の建物、配達用の車両 机・椅子等の備品 土地など営業活動のために長期にわたって使用するものを総称して固定資産といって

特に「形がある（目に見える）」ものを有形固定資産というのよ

逆に固定資産を購入したときは買入代金にその資産を使用するまでに要した支払額（付随費用）を加算した金額をその資産の取得原価とするのよ

そもそも固定資産は営業活動に使用するために取得したもので販売する目的のものではないけれど

何年も使っていたりすると不要になることもあるしそのため売却することもあるものなのよ

さっきの営業車のような場合ですよね

そう

売却する場合には売却した固定資産の帳簿価額の金額と売却価額との差額を固定資産売却益勘定（収益）または固定資産売却損勘定（費用）として処理するのよ

建 物

■建物勘定の記入

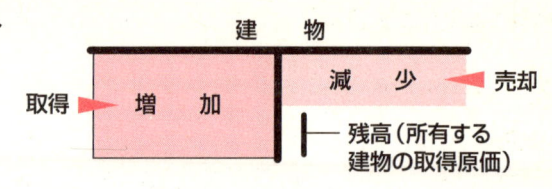

```
         建  物
─────────────────────
取得 ▶ 増 加  │ 減 少 ◀ 売却
              ├──────────
              │ 残高(所有する
                建物の取得原価)
```

まず
建物の場合は
店舗・事務所・
倉庫などの
営業用建物と
それらに付属する
冷暖房設備・照明設備・
エレベーターなどを
まとめて建物といい
また購入に関する
付随費用として
買入手数料
設備の取付費や
登記料などまとめて
建物とするのよ

具体的に
有形固定資産の
それぞれの
勘定記入について
説明すると

■建物の取引と仕訳の例

1.建物の取得

(1) 営業用倉庫を購入し、買入代金￥800,000、買入手数料￥80,000および登記料￥50,000を合わせて小切手を振出して支払った。

| (借) 建　　　　物 | 930,000 | (貸) 当 座 預 金 | 930,000 |

2.建物の売却

(2) 物置として使用していた倉庫(※1帳簿価額￥500,000)が不要になり、￥300,000で売却した。売却代金は月末に受取ることにした。

| (借) 未　収　金 | 300,000 | (貸) 建　　　物 | 500,000 |
| ※2固定資産売却損 | 200,000 | | |

※1 帳簿価額とは取得原価から原価償却累計額を差し引いた額のこと。(第2章㉒参照)
※2 「固定資産売却損」は、「建物売却損」でもかまいません。

車両運搬具

■車両運搬具勘定の記入

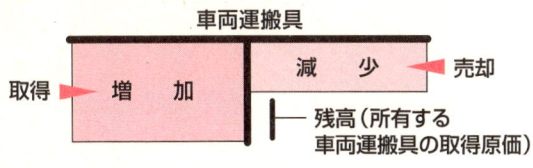

```
            車両運搬具
取得 ┌─────────┬─────────┐ 売却
     │  増 加  │  減 少  │
     │         ├─────────┤
     │         │ 残高(所有する
     │         │ 車両運搬具の取得原価)
```

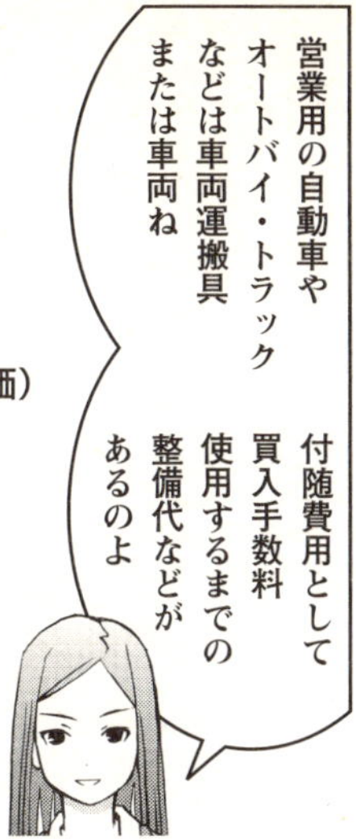

■車両運搬具の取引と仕訳の例

車両運搬具の取得
(1) 営業用トラックを買入れ、代金¥850,000は1ヶ月後に支払うことにした。

(借) ※車両運搬具 850,000 　(貸) 未払金 850,000

※「車両運搬具」は、「車両」でもかまいません。

営業用の自動車やオートバイ・トラックなどは車両運搬具または車両ね

付随費用として買入手数料使用するまでの整備代などがあるのよ

土　地

■土地勘定の記入

```
            土　地
取得 ┌─────────┬─────────┐ 売却
     │  増 加  │  減 少  │
     │         ├─────────┤
     │         │ 残高(所有する
     │         │ 土地の取得原価)
```

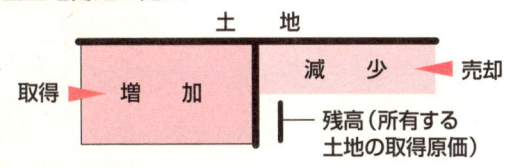

■土地の取引と仕訳の例

1.土地の取得
(1) 営業用の土地10m²を、1m²あたり¥80,000で買入れ、代金と買入手数料¥20,000を小切手を振出して支払った。他に地ならし費として¥100,000を現金払いした。

(借) 土　地　920,000 　(貸) 当座預金　820,000
　　　　　　　　　　　　　　現　金　100,000

2.土地の売却
(2) 所有している土地の一部(¥500,000)を¥620,000で売却し、代金は月末に受取ることにした。

(借) 未収金　620,000 　(貸) 土　地　500,000
　　　　　　　　　　　　　※固定資産売却益 120,000

※「固定資産売却益」は、「土地売却益」でもかまいません。

土地とは営業のために使用する土地のこと　購入に関する付随費用として買入手数料のほか　登記料使用するのに要する整地費などまとめて土地の金額にするのよ

備品

備品とは営業用の机・椅子・パソコン・金庫など1年以上使用できて金額が相当額以上のもののこと

付随費用としては買入手数料引取運賃据付費などがあるわ

■備品勘定の記入

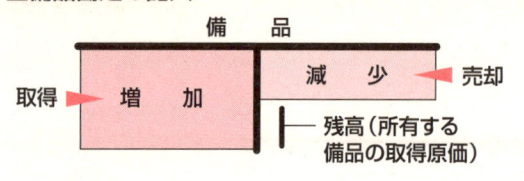

```
          備  品
取得 ┃ 増 加 ┃ 減 少 ┃ 売却
              ┃
              残高（所有する
              備品の取得原価）
```

■備品の取引と仕訳の例

1. 備品の取得

(1) パソコンを購入し、代金￥250,000は小切手を振出して支払い、その他買入手数料￥8,000を現金で支払った。

| (借)備 品 | 258,000 | (貸)当座預金 | 250,000 |
| | | 現 金 | 8,000 |

2. その他

(2) 営業用の机￥30,000を購入し、代金は引取運賃￥10,000とともに現金で支払った。

| (借)備 品 | 310,000 | (貸)現 金 | 310,000 |

備品でも使用期間が1年未満のものや相当額に満たないものはどうなるんですか？

それらは消耗品という扱いになるわね 消耗品は資産として処理するのが原則だけど すぐに使用してしまうので費用処理することもできるわ

消耗品

■消耗品の会計処理

① **買入時に資産(消耗品)として処理する方法**
消耗品の増加の記録を消耗品勘定(資産)で行う(増加のみを記録する)。

② **買入時に費用(消耗品費)として処理する方法**
消耗品の増加の記録を消耗品費勘定(費用)で行う(買った物品はすぐに使用するものと仮定して費用処理する)。

■消耗品の取引と仕訳の例

(1) ボールペン1ダース(¥1,000)を購入し、代金は現金で支払った。

[購入時に資産として処理する方法]

(借)消 耗 品　1,000　　(貸)現　　　金　1,000

[購入時に費用として処理する方法]

(借)消 耗 品 費　1,000　　(貸)現　　　金　1,000

(2) 文房具¥2,500を購入し、代金は後払いにした。

[購入時に資産として処理する方法]

(借)消 耗 品　2,500　　(貸)未　払　金　2,500

[購入時に費用として処理する方法]

(借)消 耗 品 費　2,500　　(貸)未　払　金　2,500

消耗品は購入時のみ記録を行い使用した時は特に何も処理しないのよ

消耗品は決算での処理が間違いやすいから気を付けてね

は…はい

第2章 仕訳

16 資本金の取引と仕訳
資本金の増減に関わる追加出資や引出金

――ここで改めて聞いてみようかしら 資本金て何？
――えっと 企業活動を行うために必要な金銭など…ですよね

――そうね 勉強のために個人企業の場合もふまえて説明すると 開業時の出資額を資本金勘定で処理し その後の増減を資本金勘定に記録して算出したものが資本金となるのよ

――また資本金は純資産にあたるわ

純資産（資本） ＝ 資本金

――はい 簿記の基礎（第1章②）として教えてもらいましたよね

また資本金の増減に関わる資本の取引にはいくつかのケースがあるわ

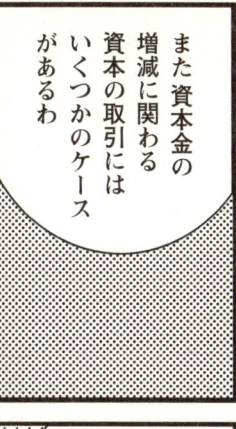

1つは追加出資
事業主が営業開始後にさらに営業規模を拡張するために事業主個人の現金等を追加元入れするケース
これは開業時の資本金の増加とまったく同じ意味を持つわ

2つ目は引出し
これは事業主が私用のために店の現金・商品などを引き出す（持ち出す）ことね

例として会社のお金から事業主の所得税や生命保険料を支払ったり商品を個人の目的で使用したりすることが挙げられるわ

この場合は会社の費用として処理するのではなく資本金を減少させるのよ

事業主が私用で引き出すって個人商店なんかでは多いみたいですよね

資本金の取引

でも事業主がたびたび引出しを行うようだとそのたびに資本金勘定の借方に記入しなくてはいけないので資本金勘定が煩雑になって見づらくなるのよ

```
        引 出 金              資 本 金
引出し → | 増 加 |          | 増 加 | ← 出資・元入れ
```

そこで引出取引について資本金勘定の借方に記入しないで上のように引出金勘定に記入する方法もあるのよ

その場合資本金勘定の記入は2つに分割されるわ

ということは引出金勘定は資本金勘定とセットと考えるべきなんですね

その通り！この引出金勘定の残高は決算時に資本金勘定に振替えるのよ

それから資本の取引と考えるものには純損益の振替もあるわ

決算において収益と費用を比較して純損益を算定するんだけどこの純損益は企業の資本を増減させるものとして資本金勘定に振替えるのよ

■資本金勘定の記入

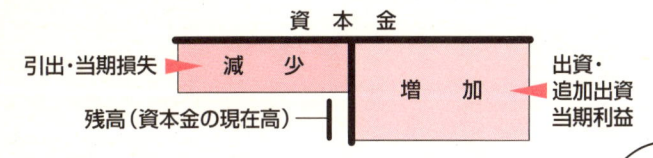

```
              資 本 金
引出・当期損失 →  減 少  │  増 加  ← 出資・追加出資
                              当期利益
       残高(資本金の現在高)
```

これは資本の取引例よわかるわよね

はい

当期純利益 → 資本金の増加

当期純損失 → 資本金の減少

1. 開業時の出資・追加出資の場合

   (1) 現金¥800,000を出資して東会商店を開業した。

   | (借) | 現 | 金 | 800,000 | (貸) | 資 本 金 | 800,000 |

   (2) 営業開始時に、店主が事業拡大のため、現金¥500,000を追加出資した。

   | (借) | 現 | 金 | 500,000 | (貸) | 資 本 金 | 500,000 |

2. 資本の引出しの場合

   (3) 店主が私用の支払のため、店にあった現金¥40,000を持ち出した。

   | (借) | 資 本 金 | 40,000 | (貸) | 現 | 金 | 40,000 |

第2章 仕訳

17 費用・収益の取引と仕訳

費用の発生は借方、収益の発生は貸方

費用と収益についても説明してもらおうかしら

えっと…

費用は営業活動（利益を得る）における支払額が基本となるもので活動の結果、資本を減少させる原因となるものを意味します

あらやるわね

では収益は?

収益は営業活動（利益を得る）における収入額が基本となるもので活動の結果、資本を増加させる原因となるものを意味します

よろしいよく覚えてたわね

では 費用と収益の取引と仕訳について説明するわね

こっそりカンニングしてたのバレなかったみたい

費用の取引

■費用の諸勘定

① 仕入 …………………商品の購入代金
② 売上原価 ……………販売した商品の仕入原価（決算時に算定）
③ 給料 …………………従業員に支払う給料
④ 減価償却費 …………土地以外の固定資産の価値減少額を見積り、費用計上するもの
⑤ 支払地代 ……………土地を借りて使用している場合の貸借料支払額
⑥ 支払家賃 ……………建物を借りて使用している場合の貸借料支払額
⑦ 水道光熱費 …………電気・ガス・水道料金
⑧ 通信費 ………………電話料金、はがき、切手代等
⑨ 広告費 ………………広告、宣伝等のための支払額
⑩ 交通費 ………………電車賃、バス代、タクシー代等
⑪ 発送費 ………………商品発送の運賃等
⑫ 消耗品費 ……………文房具等の購入（使用）
⑬ ※租税公課　　………固定資産税などの費用となる税金
⑭ 支払手数料 …………商品売買の仲介等による支払額
⑮ 支払利息 ……………借入金等の利息
⑯ 有価証券売却損 ……有価証券を原価より低い価額で売却した時の損失
⑰ 固定資産売却損 ……固定資産を原価より低い価額で売却した時の損失
⑱ (火災) 保険料 ……店舗等の災害保険料
⑲ 雑費 …………………営業に必要な少額の支出額をまとめたもの
⑳ その他

※租税公課には他に、会社に課税される事業税、固定資産税、自動車税、印紙税（収入印紙）等の費用になる税金も含みます。

費用の種類ってたくさんあるのよ

■費用の諸勘定の記入

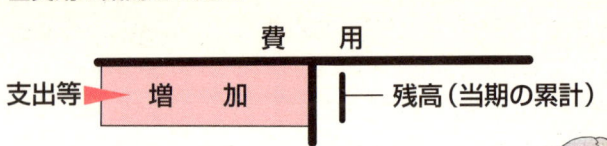

```
              費     用
支出等 ┃  増   加    ┃─ 残高（当期の累計）
```

> 費用の発生は借方に記録するのよ

■費用の取引と仕訳の例

費用の発生

(1) 従業員に対して今月分給料¥320,000を現金で支払った。

| (借) 給　　　料 | 320,000 | (貸) 現　　　金 | 320,000 |

(2) 営業用店舗兼自宅に係る固定資産税¥30,000を普通預金から納付した。うち、40%は店主負担分である。

| (借) 租税公課 | 18,000 | (貸) 普通預金 | 30,000 |
| 　　引出金 | 12,000 | | |

(3) 配達用の自動車に係る自動車税¥20,000と事業主の所得税¥50,000をともに現金で納付した。

| (借) 租税公課 | 20,000 | (貸) 現　　　金 | 70,000 |
| 　　引出金 | 50,000 | | |

収益の取引

■収益の諸勘定

① 売上 …………… 商品の販売代金
② 受取利息 ………… 貸付金に対する利息
③ 有価証券利息 …… 所有社債に対する利息収入
④ 受取手数料 ……… 取引斡旋等のお礼受取
⑤ 受取地代 ………… 土地を賃貸して得る収入
⑥ 受取配当金 ……… 所有株式に対する配当収入
⑦ 受取○○ ………… その他の収入

> これが会社の儲けのみなもとか

⑧ **雑収入** ……………… 現金過剰額、不用品の売却など少額の収入を処理
⑨ **有価証券評価益** …… 有価証券の時価が帳簿価額より上昇した場合の評価差額
⑩ **有価証券売却益** …… 有価証券を原価より高い価額で売却した時の利益
⑪ **固定資産売却益** …… 固定資産を原価より高い価額で売却した時の利益
⑫ **貸倒引当金戻入** …… 貸倒れの見積額の戻入れ
⑬ **償却債権取立益** …… 過年度に貸倒処理した債権の取立額
⑭ その他

■収益の諸勘定の記入

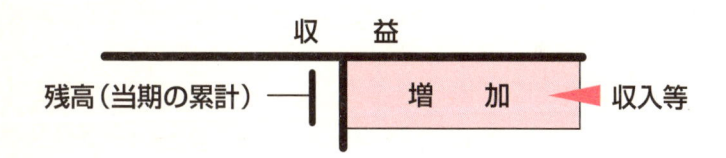

```
              収    益
残高(当期の累計) ─┤   増  加   ◀ 収入等
```

■収益の取引と仕訳

収益の発生

山梨商店より土地賃貸の代金¥50,000を受取り、当座預金とした。

| (借) 当座預金 | 50,000 | (貸) 受取地代 | 50,000 |

「収益の発生は貸方に記録するのよ」

「費用と逆ですね」

第2章 仕訳

⑱ その他の現金・預金の取引と仕訳

現金過不足、小口現金、当座借越

現金の収入・支出は日常的に行われるのでときどき帳簿記録つまり現金勘定残高と現金の実際有高とを照合して一致しているかどうかを確認するの

もし一致しないならその修正または適正な科目への振替を行うのよ

現金過不足

どうしたらいいんですか?

現金勘定の金額を調整してその不足額もしくは過剰額を現金過不足勘定に振替えるのよ

現金過不足勘定?

現金過不足勘定は仮の勘定で資産・負債・純資産（資本）・収益・費用のいずれにも属さない特別な勘定なのよ

下の例のように現金が不足の場合は借方に過剰の場合は貸方に記入するのよ

こうしてまず原因が不明な金額を現金過不足として明らかにしてからその原因を調査することそうしないと帳簿上いつまでも金額が合わないままになるわ

■現金過不足の発生の例

(1) 現金実際有高が帳簿残高よりも¥5,500不足していた。

| (借) 現金過不足 | 5,500 | (貸) 現　　　金 | 5,500 |

(2) 現金実際有高は¥34,000、現金勘定残高は¥32,000であった。

| (借) 現　　　金 | 2,000 | (貸) 現金過不足 | 2,000 |

そして原因が判明したら下の例のように現金過不足勘定の残高を適切な科目に振替えればいいのよ

もし調査を続けて決算日になっても原因が明らかにならない場合は不足額を雑損（費用）として過剰額は雑益（収益）として処理すればいいのよ

■過不足原因の判明

(3) 上記(1)の現金過不足勘定の借方残高¥5,500についてその原因を調査していたが、交通費支払いの記帳もれであることが本日判明した。

| (借) 交　通　費 | 5,500 | (貸) 現金過不足 | 5,500 |

(4) 上記(2)の現金過剰の原因は受取利息¥2,000の記帳もれであった。

| (借) 現金過不足 | 2,000 | (貸) 受 取 利 息 | 2,000 |

小口現金

また現金や小切手の取り扱いはほとんど当座預金などを利用して銀行を通して行われるけれど

日常の少額の支払いのために担当者を決めて少額の現金を渡しておくことがあるわ

これを小口現金というのよ

小口現金は交通費や文房具代電話代とお茶菓子代などに使われるのよ

知ってます
僕も小口現金を前渡しされてますから

じゃあ小口現金係に一定の金額を前渡ししておいて一週間や一ヶ月間などの一定期間経過後にその支払い内容を報告させ支払金額と同額の小切手で補給する方法を定額資金前渡制というのはわかってるわね

藤本君も支払額を小口現金出納帳に記録してまとめてきちんと報告できるようにね

■小口現金勘定の記入

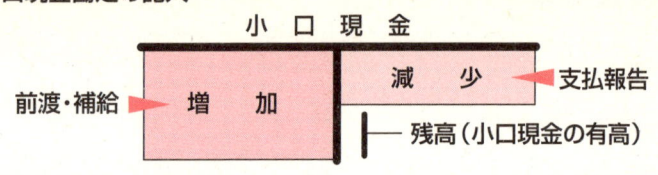

```
            小 口 現 金
┌──────────────────┬──────────────────┐
│                  │      減  少      │ ◀ 支払報告
前渡・補給 ▶│   増  加      │                  │
│                  ├──────────────────┤
│                  │ 残高（小口現金の有高）│
└──────────────────┴──────────────────┘
```

小口現金の記録は小口現金勘定（資産）で行って借方に増加（補給）貸方に減少（支払報告）を記入するのよ

ちなみに下は定額資金前渡制度を採用した場合よ小口現金が不足してきたら不足額を補充する方法（随時補給制度）もあるわ

■小口現金の取引と仕訳の例

1.定額資金の前渡し

（1）小口現金について定額資金前渡制度を採用し、小口現金係に¥50,000を小切手を振出して前渡しした。

| （借）小口現金 | 50,000 | （貸）当座預金 | 50,000 |

2.小口現金係の支払取引

（2）上記（1）の小口現金係は、文房具等¥2,500、お菓子¥2,000を買入れ、手持ちの小口現金で支払った。

仕訳なし（※小口現金出納帳に記録するのみ）

3.支払の報告と補給

（3）小口現金係は、上記（2）の支払を報告し、同額の補給を小切手で受けた。

（借）消耗品費	2,500	（貸）小口現金	4,500
雑　費	2,000		
（借）小口現金	4,500	（貸）当座預金	4,500

※この仕訳をまとめて、つぎのように仕訳してもかまいません。

| （借）消耗品費 | 2,500 | （貸）当座預金 | 4,500 |
| 　　雑　費 | 2,000 | | |

ただしこの随時補給制度は手続きが煩雑であまり用いられていないようね

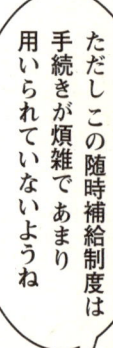

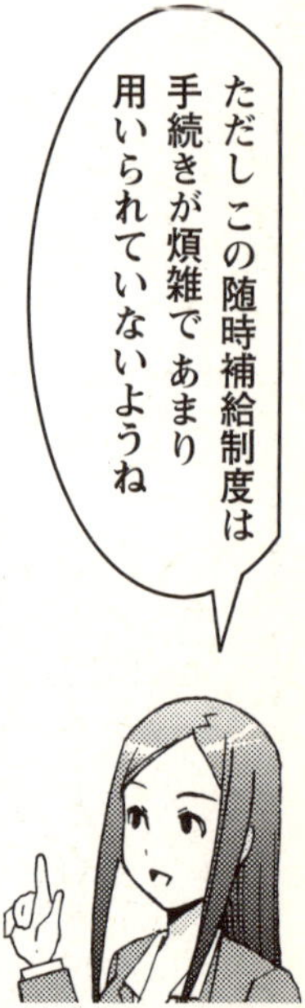

当座借越

また現金過不足の場合のようにいつの間にか金銭が合わなくなるということが他にもあるわ

原因不明というほどではないけど小切手を振出す場合つねに預金残高を見ながらするわけじゃないから残高を越えて振出してしまうことがあるのよ

そうするとどうなるんですか?

こういった小切手を受取った相手方は銀行に行っても換金できないのよ

これを不渡りといって振出した会社は信頼をなくし企業活動をする上で致命的な行為になるのよ

それは大変だ…

そこでそういうことがないよう限度額までは預金残高を超えても小切手を振出せるようにあらかじめ取引銀行と当座借越契約を結んでおくのよ

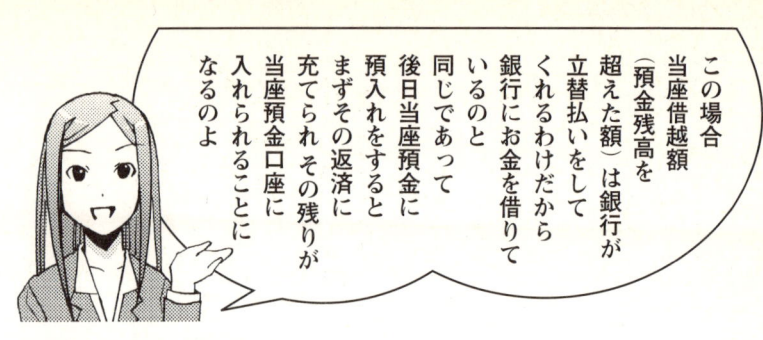

この場合当座借越額（預金残高を超えた額）は銀行が立替払いをしてくれるわけだから銀行にお金を借りているのと同じであって後日当座預金に預入れをするとまずその返済に充てられその残りが当座預金口座に入れられることになるのよ

■当座借越勘定の記入

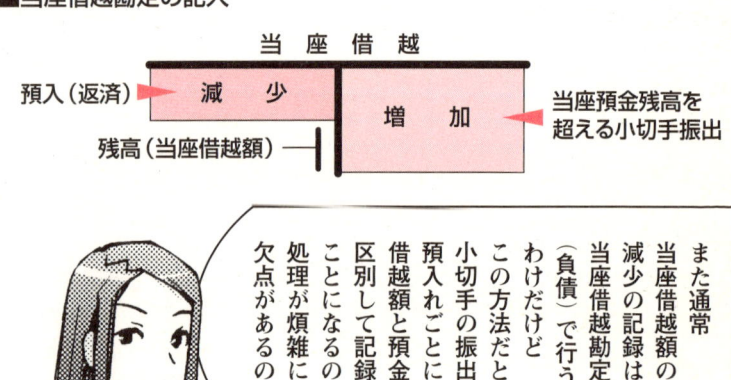

```
            当 座 借 越
預入（返済） → 減 少  |  増 加  ← 当座預金残高を
                                  超える小切手振出
  残高（当座借越額）
```

また通常当座借越額の増加・減少の記録は当座借越勘定（負債）で行うわけだけどこの方法だと小切手の振出しや預入れごとに借越額と預金残高を区別して記録することになるので処理が煩雑になる欠点があるの

■当座勘定の記入

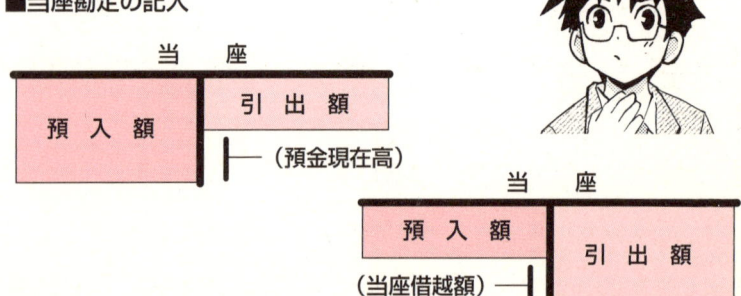

```
      当 座
  預入額  |  引出額
           (預金現在高)
```

```
      当 座
  預入額  |  引出額
(当座借越額)
```

そこで当座預金勘定と当座借越勘定を区別しないで当座勘定を使って処理する方法もあるのよ

この方法では当座勘定の残高が借方に生じた場合は当座預金の現在高（預金が残っていること）を示し

貸方に生じた場合には当座借越額（銀行に立替えてもらっている）を示すのよ

■当座借越契約の取引と仕訳の記入

1.当座借越契約

（1）取引銀行である瀬戸銀行と、限度額￥750,000の当座借越契約を結んだ。

仕　訳　な　し

2.当座預金の減少と増加

（2）九州商店より商品￥500,000を仕入れ、代金は同額の小切手を振出して支払った。なお、当座預金勘定残高は￥350,000であるが、当店は、取引銀行と限度額￥200,000の当座借越契約を結んでいる。

（借）仕　　入	500,000	（貸）当座預金	350,000
		当座借越	150,000

※これを当座勘定のみを用いる方法で仕訳すると次のようになります。

（借）仕　　入	500,000	（貸）当　　座	500,000

（3）上記（2）の取引後、四国商店より売掛金￥420,000を現金で回収し、ただちに当座預金に預け入れた。

（借）当座借越	150,000	（貸）売　掛　金	420,000
当座預金	270,000		

※これを当座勘定のみを用いる方法で仕訳すると次のようになります。

（借）当　　座	420,000	（貸）売　掛　金	420,000

第2章 仕訳

⑲ その他手形取引と仕訳

為替手形、手形の裏書、手形の割引

―ところで手形取引で3人の関係者が出てくる場合というのはどんな時ですか？

―あら 前に（第２章⑫）説明しなかったわね

―振出人・支払人・受取人が別々の人である場合 この3者間で証書を交わす為替手形取引の時よ

―為替手形取引？ 約束手形取引とどう違うんですか？

―やはり振出人と支払人が違うということかしら

―約束手形は金銭を自分が支払うという約束だけど 為替手形は支払うのは自分ではなく他人なのよ

―いったいどういうことなんでしょう？

為替手形

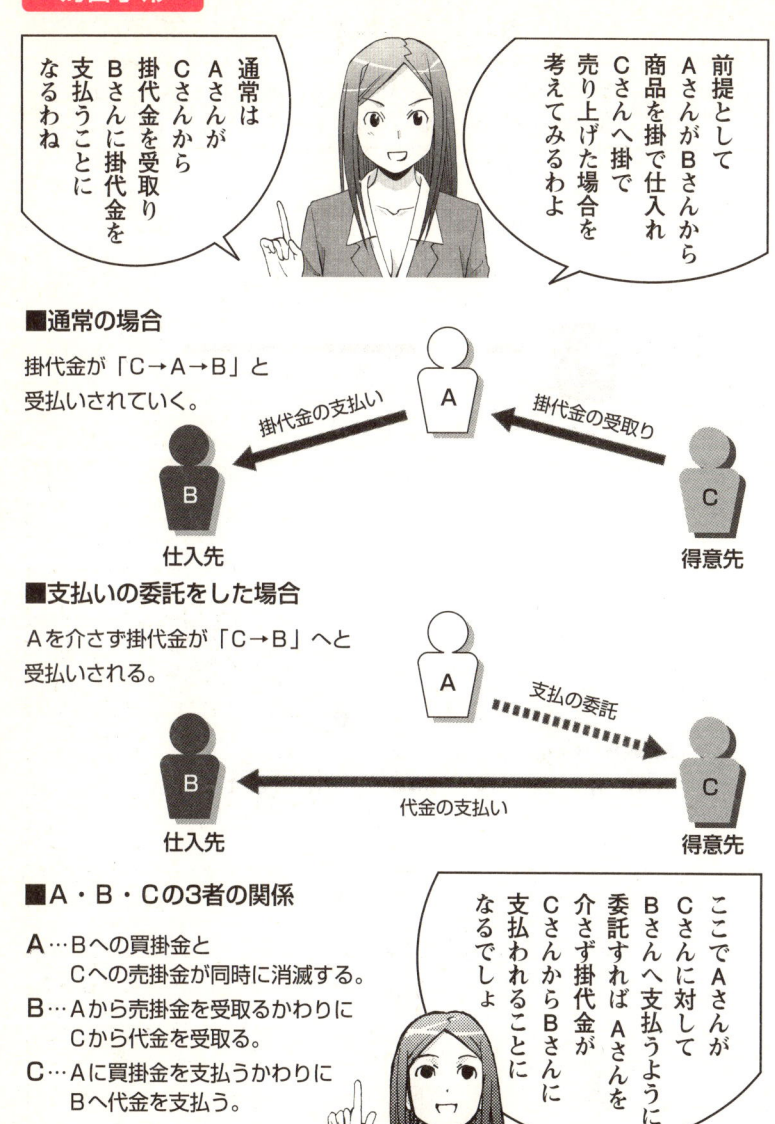

> 前提として
> AさんがBさんから
> 商品を掛で仕入れ
> Cさんへ掛で
> 売り上げた場合を
> 考えてみるわよ

> 通常は
> Aさんが
> Cさんから
> 掛代金を受取り
> Bさんに掛代金を
> 支払うことに
> なるわね

■通常の場合

掛代金が「C→A→B」と受払いされていく。

B 仕入先 ← 掛代金の支払い ← A ← 掛代金の受取り ← C 得意先

■支払いの委託をした場合

Aを介さず掛代金が「C→B」へと受払いされる。

A ······支払の委託······→ C

B 仕入先 ← 代金の支払い ← C 得意先

■A・B・Cの3者の関係

A…Bへの買掛金と
　　Cへの売掛金が同時に消滅する。
B…Aから売掛金を受取るかわりに
　　Cから代金を受取る。
C…Aに買掛金を支払うかわりに
　　Bへ代金を支払う。

> ここでAさんが
> Cさんに対して
> Bさんへ支払うように
> 委託すればAさんを
> 介さず掛代金が
> CさんからBさんに
> 支払われることに
> なるでしょ

■為替手形の取引

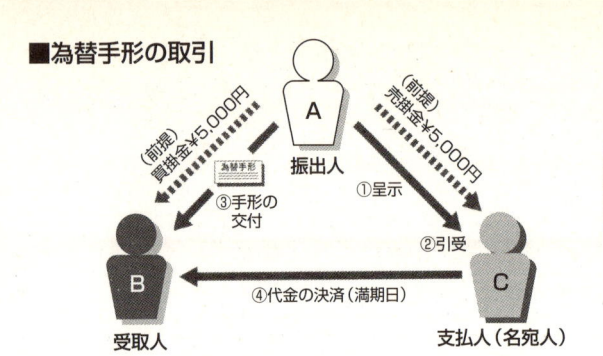

それをふまえて為替手形取引を図にすると左の通りになるわ

さっきの掛代金を手形に置き換えて考えてみてね

① 振出人Aは、手形作成の内容を支払人（名宛人）Cに呈示する。
② 支払人Cは、手形の内容を確認して支払いを引受ける。
③ 振出人Aは、受取人Bへ手形を交付する。

これによって、A・B・Cはそれぞれの仕訳を行う。

A…為替手形の振出し（①～③）によって、売掛金と買掛金が相殺されます。

(借)買掛金 5,000	(貸)売掛金 5,000
↑	↑
Bへの債務消滅	Cへの債権消滅

C…為替手形を引受けることによって（②）、Aへの買掛金は消滅し、手形代金の支払義務が発生します。

(借)買掛金 5,000	(貸)支払手形 5,000
↑	↑
Aへの債務消滅	手形債務の発生

B…為替手形の交付を受けて（③）、Aへの売掛金は消滅し、手形代金を受取る権利が発生します。

(借)受取手形 5,000	(貸)売掛金 5,000
↑	↑
手形債権の発生	Aへの債権消滅

④代金の決済

手形の満期日が到来すると、手形代金の決済が行われます。これは約束手形と同様に取引銀行を通じて行われます。

A…	仕訳なし	
B…	(借)当座預金 5,000	(貸)受取手形 5,000
C…	(借)支払手形 5,000	(貸)当座預金 5,000

この3者の場合、振出人のAさんは手形の支払いも受取りも発生しないわ

また受取人のBさんは手形債権の増加・減少の記録を受取手形勘定（資産）で行い、支払人のCさんは支払手形勘定（負債）で行うことになるのよ

■受取手形勘定の記入

手形債権の増加・減少の記録は受取手形勘定（資産）で行う。

借方 → 増加（為替手形受取り）＊残高は借方

貸方 → 減少（手形代金の受取り・裏書等）

■支払手形勘定の記入

手形債務の増加・減少の記録は支払手形勘定（負債）で行う。

借方 → 減少（手形代金の支払い）＊残高は貸方

貸方 → 増加（為替手形引受け）

■為替手形の記載例

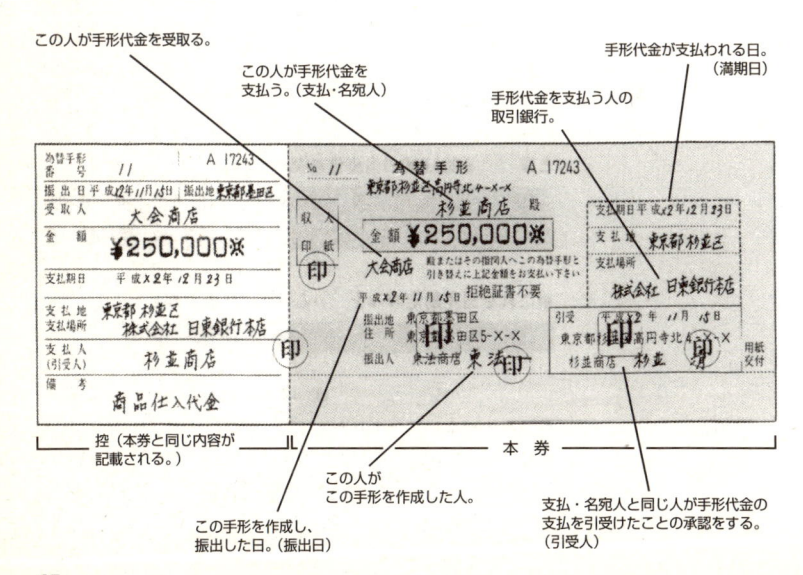

この人が手形代金を受取る。

この人が手形代金を支払う。（支払・名宛人）

手形代金を支払う人の取引銀行。

手形代金が支払われる日。（満期日）

為替手形番号	11	A 17243
振出 平成X2年11月15日	振出地 東京都千代田区	
受取人	大会商店	
金額	¥250,000※	
支払期日	平成X2年12月23日	
支払地 支払場所	東京都杉並区 株式会社 日東銀行本店	
支払人（引受人）	杉並商店	
備考	商品仕入代金	

控（本券と同じ内容が記載される。）

本 券

この人がこの手形を作成した人。

この手形を作成し、振出した日。（振出日）

支払・名宛人と同じ人が手形代金の支払を引受けたことの承認をする。（引受人）

手形の裏書

> ところで手形は譲渡できるということは知ってる?

> はい 確か譲渡したことがわかるように手形の裏面に記名・押印するんですね

■為替手形の裏面

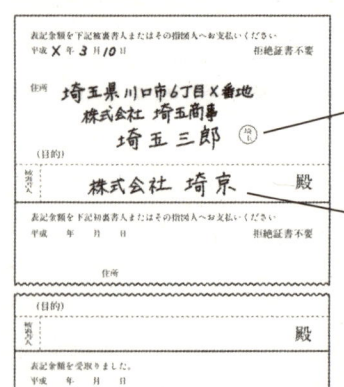

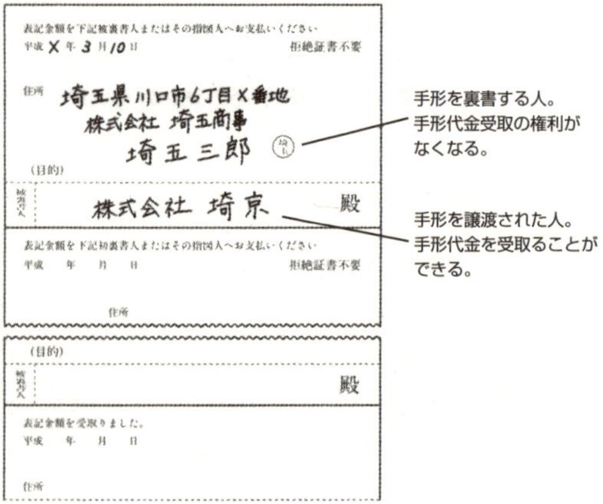

表記金額を下記被裏書人またはその指図人へお支払いください
平成 X 年 3 月 10 日　　　　　　　拒絶証書不要

住所　埼玉県川口市6丁目X番地
　　　株式会社 埼玉商事
　　　埼玉三郎　㊞
（目的）

被裏書人　株式会社 埼京　　　殿

表記金額を下記初裏書人またはその指図人へお支払いください
平成　年　月　日　　　　　　　拒絶証書不要

住所

（目的）

被裏書人　　　　　　　　　　　殿

表記金額を受取りました。
平成　年　月　日

住所

- 手形を裏書する人。手形代金受取の権利がなくなる。
- 手形を譲渡された人。手形代金を受取ることができる。

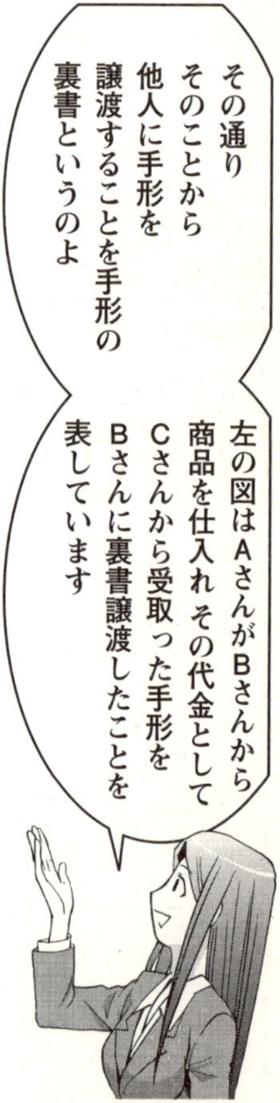

> その通り そのことから他人に手形を譲渡することを手形の裏書というのよ

> 左の図はAさんがBさんから商品を仕入れその代金としてCさんから受取った手形をBさんに裏書譲渡したことを表しています

■為替手形の裏面

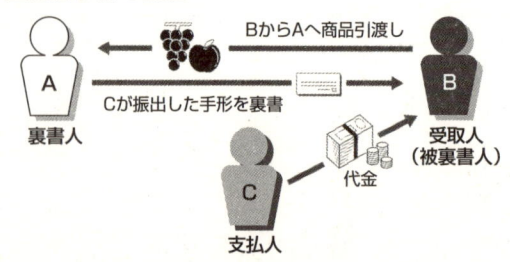

BからAへ商品引渡し
Cが振出した手形を裏書
A 裏書人
B 受取人（被裏書人）
C 支払人
代金

満期が到来すると、手形代金の受取り・支払い（決済）が行われるが、この取引は当事者間で行われるのではなく取引銀行を通して行われる。手形はすでにAからBに渡されているので、BとCの取引銀行を通して行われることになる。
したがって、裏書譲渡したAには関係ない。

手形の割引

ところで手形の所持人は満期日までその手形を持っていれば支払人からその手形代金を受取れるけど

それより前に現金が必要になることがあるとその手形をなんとか現金化したいと思うものよね

そんな時はその手形を銀行に売って現金と引換えることができるのよ

これを手形の割引というのよ

それは便利ですね

ただし裏書譲渡と違い割引料という手形の割引日から満期日までの利息を差引かれその残額を受取ることになるのよ

損な感じだけど現金が必要なときはしかたないですよね

第2章 仕訳

⑳ その他の債権・債務

人名勘定、前払金・前受金、立替金、預り金、仮払金・仮受金、商品券など

しかし債権と債務っていろいろあるなぁ

えっと…なんだっけ

教えてもらったのは
売掛金と買掛金
受取手形と支払手形
未収金と未払金
貸付金と借入金…

あんまりいっぺんに言うから覚えられないよ〜

まだパニクるのは早いわよ

債権と債務の勘定はまだあるんだから

あ〜〜、

えーっ本当ですか？

会社では様々な取引があるだけじゃなく受払いがいろんな形やタイミングで行われるのよ

こんなことでメゲてちゃダメよ！

人名勘定

前にも言ったように商品を得意先に掛で販売したり仕入先から掛で仕入れたときには売掛金勘定や買掛金勘定に記入するけど

得意先や仕入先が複数ある場合はそれを見ただけではどこの取引先にどのくらい売掛金や買掛金があるのかわかりにくいのよ

〈得意先の人名勘定〉
○○商店

売掛金の増加	売掛金の減少
	残高

〈仕入先の人名勘定〉
○○商店

買掛金の減少	買掛金の増加
残高	

人名勘定の記入の方法は売掛金勘定や買掛金勘定と同じ。

そんな時は売掛金勘定や買掛金勘定の代わりに取引先の人名や商店名を勘定科目にしてしまうのよ
これは人名勘定と呼ばれているわ

なるほどこれならどの取引先にいくらの買掛金や売掛金があるかわかりますね

でも取引先が多数の場合は総勘定元帳の勘定数が増えて試算表の作成などが大変だし誤りを見つけにくくなるので気をつけてね

前払金勘定・前受金勘定

> 未収金や未払金については前に話したけど逆に前払金や前受金というケースもあるわよね

> はい 商品を受取る前に手付金もしくは予約金や内金としてその代金の一部か全部を支払ったり受取ったりすることですよね

■前払金勘定の記入

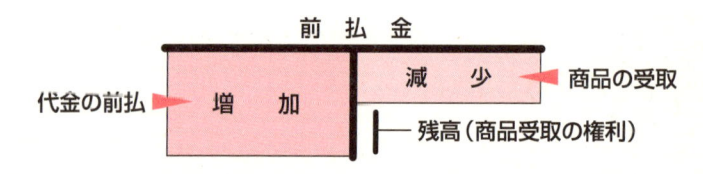

```
            前 払 金
┌─────────────┬─────────────┐
│             │   減 少     │ ← 商品の受取
│   増 加     ├─────────────┤
代金の前払 →  │             │ 残高（商品受取の権利）
└─────────────┴─────────────┘
```

■前受金勘定の記入

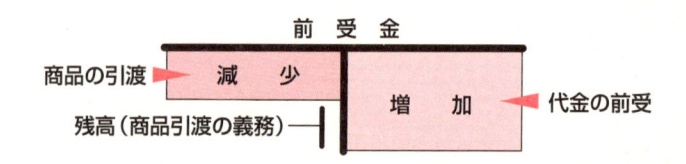

```
            前 受 金
┌─────────────┬─────────────┐
│   減 少     │             │
商品の引渡 → ├─────────────┤  増 加    │ ← 代金の前受
│残高（商品引渡の義務）│      │
└─────────────┴─────────────┘
```

> 前払金の増加・減少の記録は前払金勘定（資産）で行って前受金の増加・減少の記録は前受金勘定（負債）で行うのよ

> また商品売買契約を確実にするための手付金であれば前払金・前受金の代わりに支払手付金勘定（資産）・受取手付金勘定（負債）を使うこともあるわ

立替金勘定・預り金勘定

そういえば従業員のお金を立替えたことがありましたけどそういうのはどうしたらいいんですか？

それは立替金ね
従業員や取引先が支払うべきところを一時的に立替えて支払った場合は立替金として処理して後日回収するのよ

ちなみに従業員に対する立替金は従業員立替金として他のものと区別するのが一般的よ

■立替金勘定の記入

立 替 金
立替払い → 増 加 | 減 少 ← 回収
残高（未回収金額）

それからついでにいうと従業員の給料から一時的に預かった税金・社会保険料・積立金などは預り金というのよ
この預り金は後日所定の支払いにあてるから負債ね

給料から差引かれている分ですね預り金て いうんだ…

■預り金勘定の記入

預 り 金
他所への支払い → 減 少 | 増 加 ← 現金等の預り
残高（他所への支払義務）

仮払金勘定・仮受金勘定

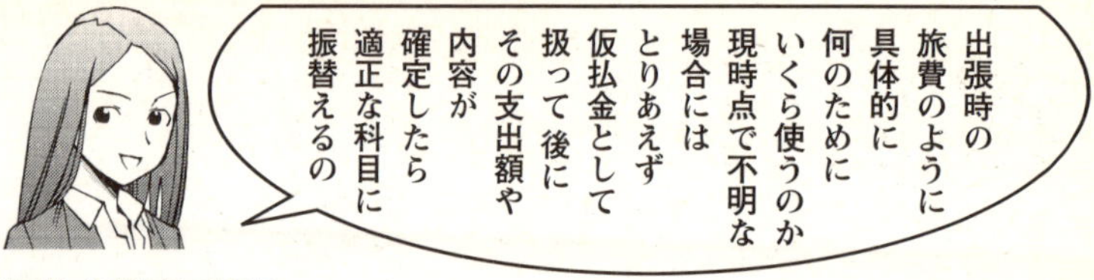

> 出張時の旅費のように具体的に何のためにいくら使うのか現時点で不明な場合にはとりあえず仮払金として扱って後にその支出額や内容が確定したら適正な科目に振替えるの

■仮払金勘定の記入

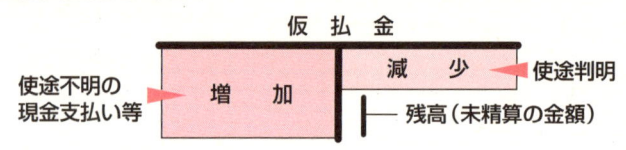

```
                仮 払 金
┌──────────────┬──────────────┐
│              │   減  少     │ ←使途判明
│   増  加     ├──────────────┤
│              │ 残高(未精算の金額)
└──────────────┴──────────────┘
```
←使途不明の現金支払い等

出張旅費概算額の前渡し

(1) 従業員の出張に際し、旅費概算額¥30,000を現金で前渡しした。

| (借) | 仮 払 金 | 30,000 | (貸) | 現 金 | 30,000 |

■仮受金勘定の記入

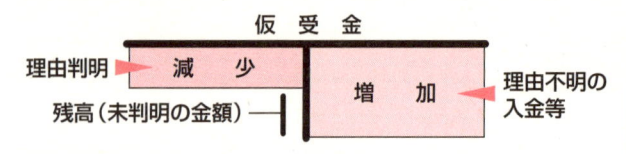

```
                仮 受 金
┌──────────────┬──────────────┐
│ 理由判明→ 減 少 │              │
├──────────────┤   増  加     │ ←理由不明の
│ 残高(未判明の金額)│              │   入金等
└──────────────┴──────────────┘
```

> 逆に詳細が不明な入金があった時などは仮受金として扱って後日内容がわかり次第、適正な科目に振替えるのよ

■仮払金・仮受金の取引と仕訳の例

1.詳細不明金額の受取り

(2) 出張先の従業員より¥100,000の詳細不明な現金が送金されてきた。

| (借) | 現 金 | 100,000 | (貸) | 仮 受 金 | 100,000 |

2.仮払金・仮受金の精算

(3) 上記(1)の従業員が帰店し、旅費残金¥10,000を現金で受入れた。

| (借) | 現 金 | 10,000 | (貸) | 仮 払 金 | 30,000 |
| (借) | 旅 費 | 20,000 | | | |

(4) 上記(2)で詳細不明であった¥100,000は、得意先からの売掛金の回収であった。

| (借) | 仮 受 金 | 100,000 | (貸) | 売 掛 金 | 100,000 |

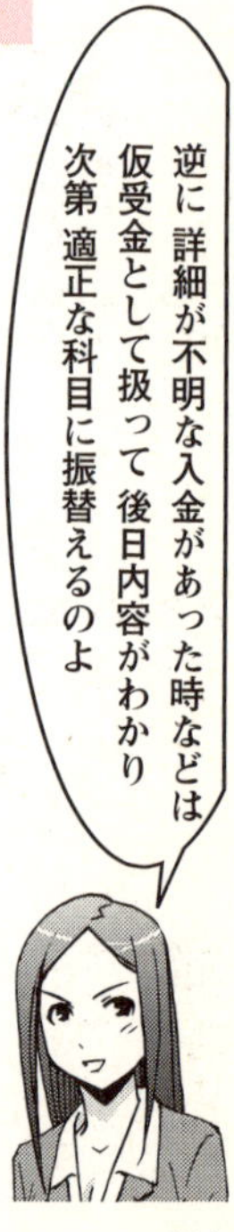

商品券勘定・他店商品券勘定

「ちなみにデパートなどでは商品券も債権・債務の対象となるのよ」

「そうか 商品券を介して商品を売買するわけだし 金銭と同じ意味を持っていますからね」

■商品券とは

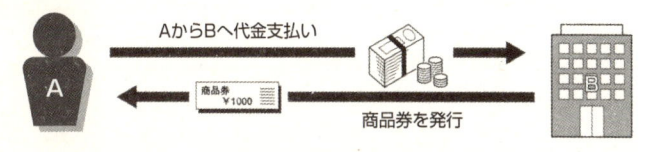

AからBへ代金支払い
商品券を発行

A（購入側）…商品券と交換に商品を受取ることができる
B（発行側）…商品券と交換に商品を販売しなければならない

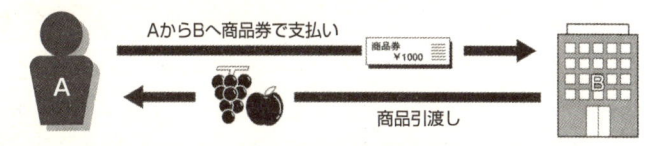

AからBへ商品券で支払い
商品引渡し

■商品券勘定の記入

商 品 券

| 商品の引渡 → 減 少 | 増 加 ← 商品券の発行 |

残高（商品引渡義務）

■他店商品券勘定の記入

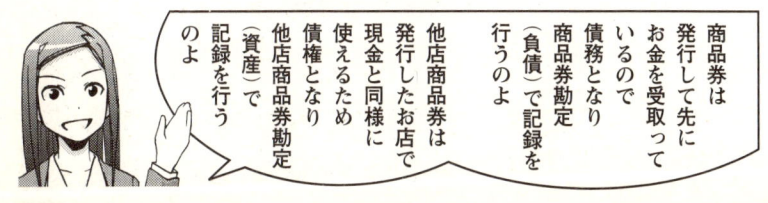

他 店 商 品 券

| 商品券の購入・譲受 → 増 加 | 減 少 ← 商品代金の受入れ |

残高（債権の残高）

「商品券は発行して先にお金を受取っているので債務となり商品券勘定（負債）で記録を行うのよ」

「他店商品券は発行したお店で現金と同様に使えるため債権となり他店商品券勘定（資産）で記録を行うのよ」

第2章 仕訳

㉑ 債権の貸倒れ
貸倒れが発生した時は費用処理

しかし売掛金とか受取手形といってますけどこれって本当にお金が支払われるかどうかわからないんじゃないですか？

疑えばきりがないけどやむをえない理由で回収できないこともあるわ

例えば取引先が倒産したりとかね

それを「貸倒れ」というの

貸倒れ
どーん

「貸倒れ」なんかショックな名前だな

売掛金や受取手形つまり売上債権が回収できなくなった時は売上債権を減らして費用にするのよ

つまり回収できない債権をいつまでも記録しておくと回収できるものと勘違いしてしまうので記録から減らすってわけなの

貸倒損失勘定

■貸倒損失勘定の記入

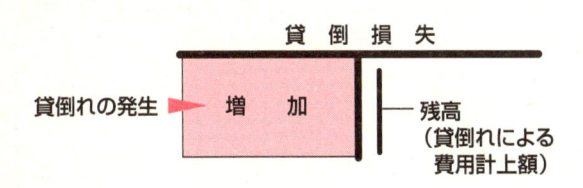

```
         貸 倒 損 失
    ┌─────────────┬─────
    │             │
貸倒れの発生 →│   増  加   │← 残高
    │             │  （貸倒れによる
    │             │    費用計上額）
```

> 貸倒発生の記録は
> 貸倒損失勘定（費用）
> にするのよ

貸倒れ発生

(1) 得意先和歌山商店が倒産し、同店に対する売掛金¥300,000が貸倒れとなった。

　（借）貸 倒 損 失　300,000　　（貸）売 掛 金　300,000

> また決算時に
> 売上債権がある
> 場合には
> 貸倒に備えて
> 貸倒引当金を
> 設定しておき
> 貸倒れが発生した
> ときには
> 貸倒引当金と
> 相殺するの
>
> ちなみにもし前期
> までに貸倒れとして
> 処理した売上債権が
> 当期になって
> 回収されたら
> 回収した分は
> 収益として
> 処理すればいい
> のよ

■貸倒れに関する処理

① **貸倒発生額　＜　貸倒引当金残高　の場合**
　貸倒れた金額を貸倒引当金勘定残高と相殺する。

② **貸倒発生額　＞　貸倒引当金残高　の場合**
　まず、貸倒れた金額と貸倒引当金勘定残高（全額）を相殺する。貸倒引当金勘定残高を越える部分については、費用として貸倒損失処理する。

第2章 仕訳

㉒ 固定資産の売却
減価償却と帳簿価額

別の日

そういえば車は売れなかったようですよ

やっぱり古いから資産としての価値はなかったのね

まだ充分使えるのに価値がないなんて…

建物や車両など有形固定資産は使用していると時間の経過とともに少しずつ価値が減少するものなのよ

ああ 土地は別よ 時間の経過で価値は変わらないから

簿記ではこの価値の減少を計算して求め記録していく処理を行うの

これを減価償却といいます

固定資産の売却を考えるとき減価償却は切っても切り離せないわ

まず有形固定資産の減価償却された金額は減価償却累計額として記録しておくのよ

ようするに有形固定資産を取得してからそれまでにいくら価値が下がったかを示す勘定ですね

固定資産の帳簿価額

取得原価
（買入金額＋付随費用）

−

減価償却累計額
（価値の減少分）

＝

帳　簿　価　額

そう
そして取得した時の価額つまり取得原価から減価償却累計額を引いた価額を帳簿価額というの

帳簿価額…
これが売却価額なんですか？

いいえ
そうじゃないわ
売却価額はそれとは別よ
実際にその値段で売れるとも限らないしそれより高く売れる時も安くなる時もあるでしょ

■売却損益の記入

① **帳簿価額 < 売却価額 の場合**
差額は、固定資産売却益勘定（収益）に記録する。

② **帳簿価額 > 売却価額 の場合**
差額は、固定資産売却損勘定（費用）に記録する。

> この帳簿価額と売却価額との間に生じた差額が利益になった場合は固定資産売却益勘定また損になった場合は固定資産売却損勘定として処理するのよ

■固定資産の売却の取引と仕訳の例
（直説法と間接法の説明はP134参照）

1. 帳簿価額 < 売却価額

(1) 取得原価¥1,000,000、減価償却累計額（価値減少額）¥720,000の建物を¥300,000で売却し、代金は現金で受取った。

〔ア.直接法により記帳している場合〕

（借）現 金	300,000	（貸）建 物	280,000
		固定資産売却益	20,000

〔イ.間接法により記帳している場合〕

（借）現 金	300,000	（貸）建 物	1,000,000
減価償却累計額	720,000	固定資産売却益	20,000

※「固定資産売却益」は「建物売却益」でもかまいません。

2. 帳簿価額 > 売却価額

(2) 取得原価¥1,000,000、減価償却累計額（価値減少額）¥720,000の備品を¥250,000で売却し、代金は現金で受取った。

〔ア.直接法により記帳している場合〕

（借）現 金	250,000	（貸）備 品	280,000
固定資産売却損	30,000		

〔イ.間接法により記帳している場合〕

（借）現 金	250,000	（貸）備 品	1,000,000
減価償却累計額	720,000		
固定資産売却損	30,000		

※「固定資産売却損」は「備品売却益」でもかまいません。

> 減価償却の記帳方法には直接法と間接法があって売却の仕訳も異なるのよ
> （P134参照）

　減価償却する固定資産は、決算において減価償却費の金額を取得原価から減額する（直接法）か、減価償却累計額勘定で処理する（間接法）で処理をする。

固定資産の減価償却累計額

> ちなみに固定資産を会計期間の途中で売却するときは減価償却累計額について気をつけるようにね

> どういうことですか?

> 固定資産の減価償却累計額は毎期決算時に計上されるから売却する固定資産の減価償却累計額は前期末時点のものなのよ

> だから期中に売却する場合は期首から売却日までの減価償却費を月割りして計上し売却する固定資産の帳簿価額から減額した上で固定資産売却損益を計上しなくてはならないの

> へぇ〜 厳密に計算して計上するものなんですね

当期10月31日に所有している車両(取得原価¥1,000,000、減価償却累計額¥540,000、耐用年数5年、残存価額は取得原価の10%)を¥450,000で売却し、代金は現金で受取った。(決算日は、毎年3月31日)

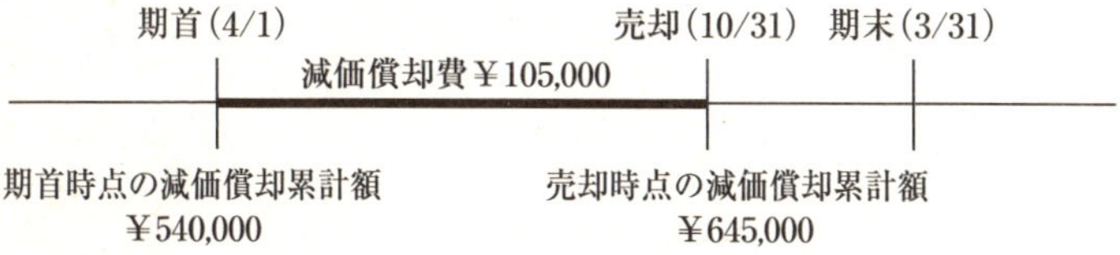

```
          期首(4/1)              売却(10/31)  期末(3/31)
          ────────減価償却費¥105,000────────
```

期首時点の減価償却累計額　　　　売却時点の減価償却累計額
¥540,000　　　　　　　　　　　　¥645,000

※減価償却累計額¥540,000は前期末(当期首)時点のものであり、売却日までの減価償却を行います。定額法による。

減価償却費(4/1〜10/31) $\dfrac{¥1,000,000 - ¥1,000,000 \times 0.1}{5年} \times \dfrac{7ヶ月}{12ヶ月} = ¥105,000$

売却時点の減価償却累計額¥540,000 + ¥105,000 = ¥645,000

第3章 試算表

23 試算表の種類
合計試算表、残高試算表、合計残高試算表、繰越試算表

すべての取引は仕訳帳に仕訳されて総勘定元帳の各勘定に転記されるわけだけど

この勘定記録が正しいかどうかを確かめなければいけないわよね

そこで確認するために役立つのが試算表!!

そしてここで大事なのが貸借平均の原理

意味はわかる?

仕訳の時借方・貸方に必ず同じ金額を記入していることですよね

そう

ある勘定の借方に記入された金額は必ず他の勘定の貸方に同額が記録されているはず

だからすべての勘定を集計したとき借方の合計と貸方の合計が一致するはずなのこの原理を試算表では利用するのよ

試算表はどのタイミングで作成するんですか？

試算表は勘定記録の正確性を検証しようとするものだから毎週でも毎月でも必要に応じて作成していいのよ
ただし決算の時は必ず作成するのよ

集計の仕方によって試算表はいくつかの種類があるわ

まず一つ目が合計試算表
各勘定の借方金額の合計と貸方金額の合計を一つの表にまとめてそれぞれの合計が同一で一致するかを確かめるの
この表なら各勘定の借方記録と貸方記録が一目でわかるわ

合計試算表

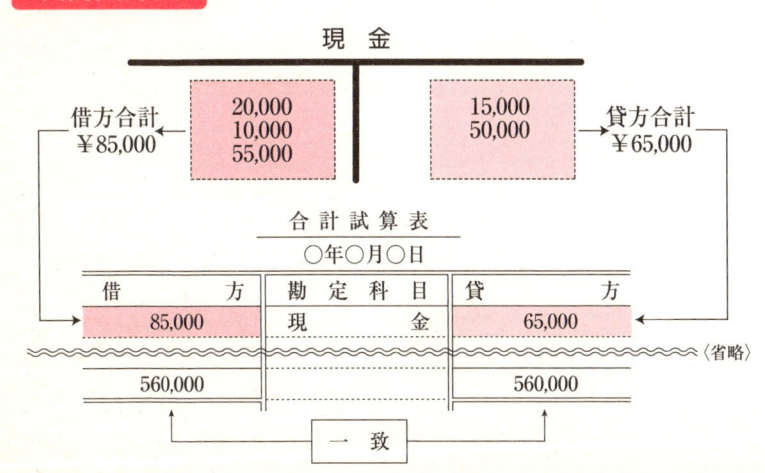

現　金

借方合計　¥85,000 ← 20,000 / 10,000 / 55,000 　　　15,000 / 50,000 → 貸方合計　¥65,000

合計試算表
〇年〇月〇日

借　方	勘定科目	貸　方
85,000	現　　金	65,000
〜〜〜	〜〜〜	〜〜〜 〈省略〉
560,000		560,000

一致

残高試算表

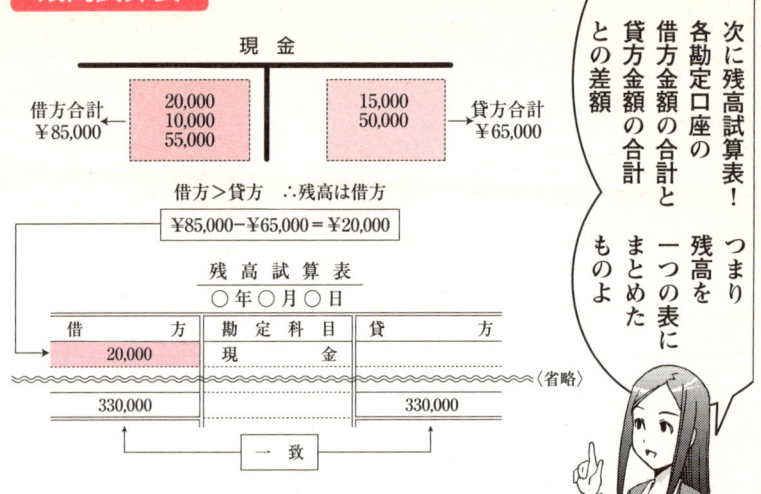

現　金

借方合計　　20,000　　　15,000　　貸方合計
¥85,000　　 10,000　　　50,000　　¥65,000
　　　　　　55,000

借方＞貸方　∴残高は借方

¥85,000－¥65,000＝¥20,000

残 高 試 算 表
〇年〇月〇日

借　　方	勘 定 科 目	貸　　方
20,000	現　　　金	
330,000		330,000

〈省略〉

一致

次に残高試算表！各勘定口座の借方金額の合計と貸方金額の合計との差額 残高を一つの表にまとめたものよ

そして合計残高試算表！前の2つの合計試算表と残高試算表を一つの表にまとめたものよ

これなら各勘定の借方記録と貸方記録だけでなく各勘定の残高も一目でわかりますね

合計残高試算表

合 計 残 高 試 算 表
〇年〇月〇日

借方残高	借方合計	勘 定 科 目	貸方合計	貸方残高
20,000	85,000	現　　　金	65,000	
18,000	30,000	当 座 預 金	12,000	
	16,000	買　 掛　 金	44,000	28,000
330,000	560,000		560,000	330,000

〈省略〉

一致

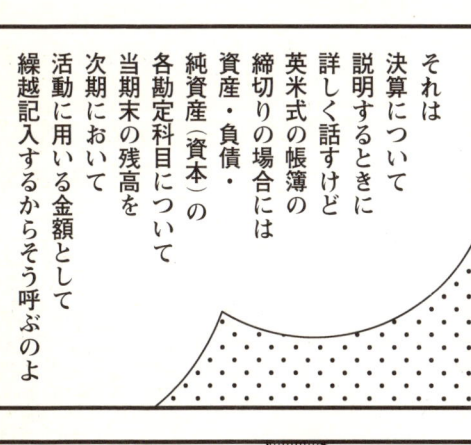

さらに繰越試算表というのもあるわ

これは決算においてすべての帳簿整理が行われた後帳簿の締切りを行うんだけどこれらの帳簿の締切りが正しく行われているかを確かめる試算表なのよ

なんで繰越試算表というんですか？

それは決算について詳しく話すけど英米式の帳簿の締切りの場合には資産・負債・純資産（資本）の各勘定科目について当期末の残高を次期において活動に用いる金額として繰越記入するからそう呼ぶのよ

なるほど繰越すから繰越試算表か

試算表は形式にこだわることなく企業が必要に応じて自由な形式で作成するものなの大事なのは勘定記録が正しいかどうか確認することなのよ

第3章 試算表

24 試算表の作成
試算表の作成手順と記入法

じゃあ合計残高試算表の作成手順について例を使って説明するわね

はい

次に示す勘定記録は1年間の営業活動を記録したものよ

これから合計残高試算表を作成してみましょう

資　産		負　債		純資産（資本）
8,500	3,000	3,000	6,000	10,000
6,000	1,500	1,000	2,500	
7,500				

収　益		費　用	
	9,000	6,500	
	3,000	2,500	

まず準備として合計残高試算表のフォームを作成しておくのよ

① 勘定科目欄、借方合計欄、貸方合計欄、借方残高欄、貸方残高欄を作る。この時、表題、作成日を記入する。

合　計　残　高　試　算　表
〇年〇月〇日

借方残高	借方合計	勘定科目	貸方合計	貸方残高

> この例では現金等の個別の勘定科目を使わないで「資産」としてまとめてあるわ
> 「負債・純資産(資本)・収益・費用」も同様よ

② 使用されている勘定科目を勘定科目欄に記入する。記入順は特に決められていないが、資産→負債→純資産(資本)→収益→費用の順が望ましい。

合 計 残 高 試 算 表
〇年 〇月 〇日

借方残高	借方合計	勘定科目	貸方合計	貸方残高
		資　　　産		
		負　　　債		
		純資産(資本)		
		収　　　益		
		費　　　用		

③ それぞれの勘定科目について、勘定記録を見て借方に記録されている金額を合計し、試算表の借方合計欄に転記する。また貸方に記録されている金額を合計し、貸方合計欄に転記する。これらをすべての勘定科目について行う。

資　産　→　借方合計　￥8,500＋￥6,000＋￥7,500＝￥22,000
　　　　　　貸方合計　￥3,000＋￥1,500＝￥4,500
負　債　→　借方合計　￥3,000＋￥1,000＝￥4,000
　　　　　　貸方合計　￥6,000＋￥2,500＝￥8,500
純資産(資本)→　貸方合計　￥10,000
収　益　→　貸方合計　￥9,000＋￥3,000＝￥12,000
費　用　→　借方合計　￥6,500＋￥2,500＝￥9,000

＊借方または貸方に記入された金額がない場合、試算表は空欄のままでかまいません。

④ 試算表の借方合計欄と貸方合計欄をそれぞれ合計し、両者が一致することを確認する。

合 計 残 高 試 算 表
○年○月○日

借 方 残 高	借 方 合 計	勘 定 科 目	貸 方 合 計	貸 方 残 高
	22,000	資　　　産	4,500	
	4,000	負　　　債	8,500	
		純資産(資本)	10,000	
		収　　　益	12,000	
	9,000	費　　　用		
	35,000		35,000	

⑤ それぞれの勘定科目について、借方合計額と貸方合計額の差額（残高）を計算し、その金額を試算表の借方残高欄または貸方残高欄に記入する。

借方合計額 ＞ 貸方合計額　の場合 → 借方残高欄へ記入

借方合計額 ＜ 貸方合計額　の場合 → 貸方残高欄へ記入

合 計 残 高 試 算 表
○年○月○日

借 方 残 高	借 方 合 計	勘 定 科 目	貸 方 合 計	貸 方 残 高
17,500	22,000	資　　　産	4,500	
	4,000	負　　　債	8,500	4,500
		純資産(資本)	10,000	10,000
		収　　　益	12,000	12,000
9,000	9,000	費　　　用		
	35,000		35,000	

⑥ 試算表の借方残高欄と貸方残高欄をそれぞれ合計し、両者が一致することを確認する。
⑦ 試算表の末尾を二重線で締切る。

合計残高試算表
○年○月○日

借方残高	借方合計	勘定科目	貸方合計	貸方残高
17,500	22,000	資　　産	4,500	
	4,000	負　　債	8,500	4,500
		純資産(資本)	10,000	10,000
		収　　益	12,000	12,000
9,000	9,000	費　　用		
26,500	35,000		35,000	26,500

この例の場合④の借方合計欄と貸方合計欄をそれぞれ合計したものが一致しているし⑥の借方残高と貸方残高欄をそれぞれ合計したものが一致したので元々の仕訳の間違いや転記もれがなければ この勘定記録は正しいということになるのよ

うーんわかれば試算表の作成ってそんなに難しくなさそうですね

第4章 決算

25 決算整理仕訳①
現金過不足の整理と引出金勘定の整理

さてここからは簿記のゴールといえる決算について説明するわよ

ううっ ついに決算か…

じゃあ前にも（第1章⑧）説明したけど決算の流れについておさらいしておきましょうか

はい

まず予備手続きのうち さっき話した試算表や棚卸表の作成をしているという前提で

次に行うのが期中の記録の修正や追加をする決算整理仕訳という手続き

期中の勘定記録と決算日現在の事実と一致しないものの原因をつきとめて修正・整理するんですよね

決算の流れ

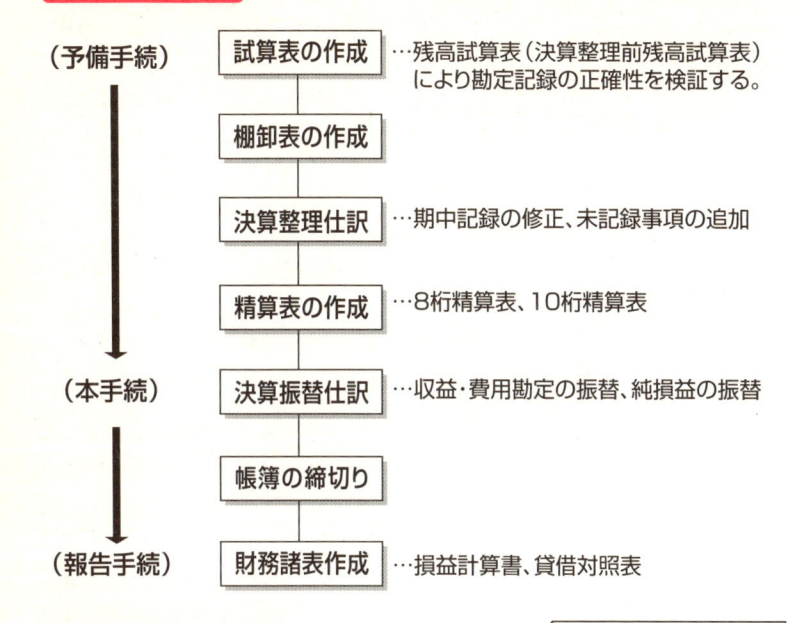

(予備手続)
- 試算表の作成 …残高試算表（決算整理前残高試算表）により勘定記録の正確性を検証する。
- 棚卸表の作成
- 決算整理仕訳 …期中記録の修正、未記録事項の追加
- 精算表の作成 …8桁精算表、10桁精算表

(本手続)
- 決算振替仕訳 …収益・費用勘定の振替、純損益の振替
- 帳簿の締切り

(報告手続)
- 財務諸表作成 …損益計算書、貸借対照表

決算整理の種類

① 現金過不足の整理
② 引出金勘定の整理(個人企業の場合)
③ 売上原価の算定
④ 貸倒れの見積り
⑤ 有価証券の評価替え
⑥ 固定資産の減価償却
⑦ 消耗品の整理
⑧ 費用・収益の繰延
⑨ 費用・収益の見越

そう具体的には左のようなことを行って未記録事項の追加や決算日現在の事実に一致する様に勘定を修正するの

そして精算表の作成を経て本手続きである決算振替仕訳をするのよ

現金過不足の整理

> 現金過不足については前にも説明したわよね 決算日になっても不一致原因がわからなかったらどうするんだった?

> えーとたしか現金過不足勘定をゼロにして 雑損勘定または雑益勘定に振替えるんでしたよね

> そうね その以外にも決算日に現金の過不足が見つかるときがあるの

> そのときは直接 雑損勘定や雑益勘定に計上するから気をつけてね

1.現金過剰の場合（決算日の現金勘定残高￥900、実際有高￥1,000）

(1) 不一致の処理

(借) 現　　　金　　100　　(貸) 現金過不足　　100

(2) 原因が不明であった場合の振替処理

(借) 現金過不足　　100　　(貸) 雑　　　益　　100

(3) 決算整理仕訳（上記(1)と(2)をまとめる）

| (借) 現　　　金　　100 | (貸) 雑　　　益　　100 |

2.現金不足の場合（決算日の現金勘定残高￥2,500、実際有高￥2,000）

(1) 不一致の処理

(借) 現金過不足　　500　　(貸) 現　　　金　　500

(2) 原因が不明であった場合の振替処理

(借) 雑　　　損　　500　　(貸) 現金過不足　　500

(3) 決算整理仕訳（上記(1)と(2)をまとめる）

| (借) 雑　　　損　　500 | (貸) 現　　　金　　500 |

引出金勘定の整理　※個人企業の場合

> 個人企業の場合引出金の整理をするとき

> 事業主が私用で会社の現金や商品を使った場合は資本金を減らすのが基本だけど引出金勘定を使った場合は決算で整理する必要があるわ

> 引出金勘定は資本金の引出しの事実を表しているんだから決算日現在の正しい資本金の有高を示すために引出金勘定をゼロにして資本金勘定に振替える処理を行うのよ

> 現金や商品を私用に使ったら資本が減少するんですね

整理前

引　出　金		資　本　金	
期中引出 8,000			期首 20,000

整理仕訳　　（借）資　本　金　　8,000　　（貸）引　出　金　　8,000

整理後

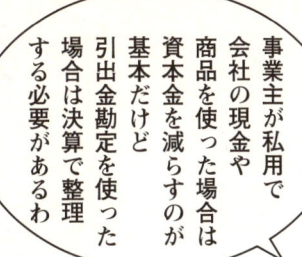

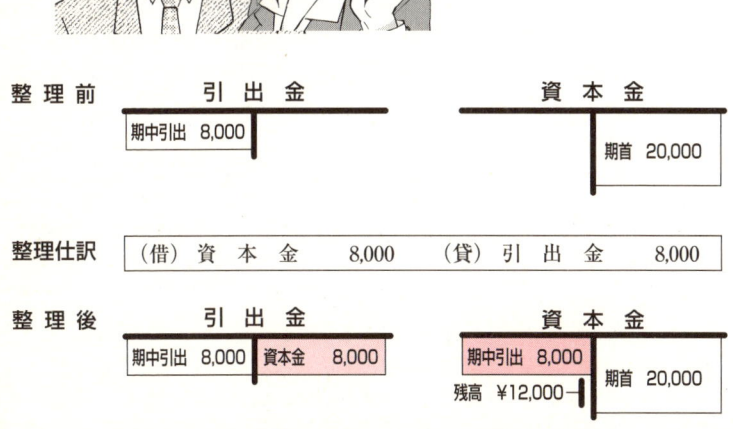

引　出　金		資　本　金	
期中引出 8,000	資本金 8,000	期中引出 8,000	期首 20,000
		残高 ¥12,000	

※資本金の正しい残高は¥20,000−¥8,000＝¥12,000

26 決算整理仕訳②
売上原価の算定

第4章 決算

次は売上原価の算定ですが

商品の売買を分割法（3分法）で記録している場合「繰越商品勘定〈資産〉」「仕入勘定〈費用〉」「売上勘定〈収益〉」の3つの勘定で記帳しているんだけど

この記録だけでは売上総利益つまり商品売買による儲けがいくらあるかはわからないのよ

そこでまず決算に際して売上原価を算定し売上総利益を計算するための処理を行う必要があるの

どうやって計算するんですか？

売上原価の算定をする場合2つの方法があるわ

1つは仕入勘定で売上原価を算定する方法

もう1つは売上原価勘定で売上原価を算定する方法よ

■売上原価の算定

売上原価(当期に売れた商品の原価) ＋ **売上総利益**(儲け) ＝ **売上高**(売価)

↓

売上高(売価) － **売上総利益**(儲け) ＝ **売上原価**(当期に売れた商品)

そもそも売上原価とは当期に売れた商品の原価のことなのよ

この時企業が当期に販売する商品が前期の売れ残り（期首商品棚卸高）と当期新たに仕入れた分（当期商品仕入高）ということと期末に手許に残った商品（期末商品棚卸高）は次期に繰越されるということを忘れないでね

そうか前期の売れ残りも含めて販売するからそれを計算に入れるんですね

期首商品棚卸高 ＋ **当期商品仕入高** － **期末商品棚卸高** ＝ **売 上 原 価**
(前期の売れ残り商品) (当期に仕入れた商品) (期末に売れ残った商品) (当期に売れた商品)

つまり当期に売上げた商品の売上原価というのは前期の売れ残りと当期に仕入れた分を合わせた商品から期末に売れ残った商品を差引いた金額ということなのよ

決算整理前の残高試算表の仕入勘定は当期商品仕入高を表しているわだからそこに期首商品棚卸高を加えてさらに期末商品棚卸高を差引けば売上原価を算定できるのよ具体的な仕訳は下のア.とイ.ね

■仕入勘定で売上原価を算定する方法

整 理 前　　　繰 越 商 品　　　　　　　　　　　仕　　入

期首商品	1,000

当期仕入	8,000

■期首商品棚卸高の振替

ア.整理仕訳　（借）仕　　　入　　8,000　　（貸）繰 越 商 品　　1,000

繰 越 商 品　　　　　　　　　　　仕　　入

期首商品	1,000	仕入へ	1,000

当期仕入	8,000
期首商品	1,000

※この段階で繰越商品の残高はゼロとなります。

■期末商品棚卸高の振替

イ.整理仕訳　（借）繰 越 商 品　　2,000　　（貸）仕　　　入　　2,000

整 理 後　　　繰 越 商 品　　　　　　　　　　　仕　　入

期首商品	1,000		
期末商品	2,000	残高=期末商品 ¥2,000	

当期仕入	8,000	期末商品	2,000
期首商品	1,000	残高=売上原価 ¥7,000	

※ア・イの仕訳によって、仕入勘定は当期商品仕入高から売上原価の金額に、繰越商品勘定は期首商品棚卸高から期末商品棚卸高の金額にそれぞれ修正されます。

これらの仕訳によって仕入勘定は当期商品仕入高を表すものから売上原価を表すものになり繰越商品勘定は期首商品棚卸高を表すものから期末商品棚卸高の金額を示すものに修正されるの

■売上原価勘定で売上原価を算定する方法

当期商品仕入高の振替

ア. 整理仕訳 | （借）売上原価　8,000　（貸）仕　入　8,000

期首商品棚卸高の振替

イ. 整理仕訳 | （借）売上原価　1,000　（貸）繰越商品　1,000

期末商品棚卸高

ウ. 整理仕訳 | （借）繰越商品　2,000　（貸）売上原価　2,000

※これにより各勘定は以下のようになり、仕入勘定はゼロ、繰越商品勘定は期末商品棚卸高￥2,000、売上原価勘定は売上原価￥7,000となります。

整理後

繰越商品

期首商品	1,000	売上原価へ	1,000
期末商品	2,000	残高=期末商品 ￥2,000	

仕　入

当期仕入	8,000	売上原価へ	8,000
		￥7,000	

売上原価

当期仕入	8,000	期末商品	2,000
期首商品	1,000	残高=売上原価 ￥7,000	

> ところでもう一つの売上原価勘定で売上原価を算定する方法というのは？

> 簡単に言えば上のように新たに売上原価勘定を設けてそこで期首商品棚卸高と当期商品仕入高をたして期末商品棚卸高を引くという計算をすればいいのよ

第4章 決算

㉗ 決算整理仕訳③
貸倒れの見積り

時として売掛金や受取手形は回収不能になる場合があるわ

つまり貸倒れね

企業では決算においてその貸倒れ金額を見積り貸倒引当金繰入勘定（費用）として計上するの

でも 実際にはまだ売掛金や受取手形は貸倒れたわけではないから売掛金や受取手形は直接減額できないのよ

まだ可能性ですからね

じゃあどうするんですか？

代わりに貸倒引当金勘定を設定するのよ

そして万が一貸倒れになった場合貸倒引当金勘定を取崩すのよ

■貸倒引当金勘定の整理

貸倒見積額＝期末の売掛金・受取手形の残高 × 貸倒見積率（％）
（貸倒実績率）

整理仕訳　（借）貸倒引当金繰入　30　（貸）貸倒引当金　30

整理後

貸倒引当金　　　　　　　　貸倒引当金繰入
　　　　設定額 30　　　　　　繰入額 30

貸倒れは決算日に見積りで計上するけど必ずしも見積りどおり貸倒れが生じるわけじゃないでしょ　だから前期の決算において計上した貸倒引当金が当期の決算日にその金額または一部が残っていることがあるのよ

この場合には決算整理で貸倒引当金の期末残高と当期の見積額との差額を計算し足りない分だけ貸倒引当金繰入勘定に計上（差額補充法）するのよ

貸倒引当金繰入額 ＝ 当期の貸倒見積額 － 貸倒引当金勘定残高

整理前

貸倒引当金
　　　残高 20

整理仕訳　（借）貸倒引当金繰入額　10　（貸）貸倒引当金　10

整理後

貸倒引当金　　　　　　　　貸倒引当金繰入
残高＝設定額　残高 20　　　　繰入額 10
¥30　　　　　繰入額 10

※また、貸倒引当金期末残高が当期の見積額よりも多い場合は、その超過額を
貸倒引当金戻入勘定（収益）に計上し、貸倒引当金勘定を減少させます。

貸倒引当金戻入額 ＝ 貸倒引当金勘定残高 － 当期の貸倒見積額

整理仕訳　（借）貸倒引当金　×××　（貸）貸倒引当金戻入　×××

第4章 決算

28 決算整理仕訳④
有価証券の評価

次は有価証券の評価替えについてよ

有価証券のうち市場で取引される株式などは取引価額（時価）がつねに変動するのは知っているわね

ええ　毎日取引され変動しているのはテレビや新聞を見ていればわかります

有価証券の評価には時価が関係してくるの

売買目的の有価証券は購入時に買入価額で記録すると前に言ったけど決算時においては期末における時価で評価しなければならないのよ

これを有価証券の評価替えというのよ

決算整理仕訳では帳簿価額よりも時価が上昇している場合は有価証券評価益勘定（収益）に

下がっている場合は有価証券評価損勘定（費用）に計上するのよ

■有価証券の帳簿価額よりも時価が上昇している場合

有価証券の時価＞帳簿価額

整理前　　　売買目的有価証券

帳簿価額　800

整理仕訳　（借）売買目的有価証券　50　（貸）有価証券評価益　50

整理後　　　売買目的有価証券　　　　　　　　有価証券評価益

帳簿価額　800　　残高＝評価額　　　　　評価益　50
増　額　　50　　￥850

> 上は売買目的有価証券の帳簿価額よりも時価が上昇している場合よ
> 売買目的有価証券の帳簿価額を時価の上昇分だけ増額させ有価証券評価益勘定（収益）を計上しているわ
> また売買目的有価証券の帳簿価額よりも時価が下がっている場合は下のように売買目的有価証券勘定の帳簿価額を時価の下落分だけ減額させ有価証券評価損勘定（費用）を計上するのよ

■有価証券の帳簿価額よりも時価が下がっている場合

有価証券の時価＜帳簿価額

整理前　　　売買目的有価証券

帳簿価額　800

整理仕訳　（借）有価証券評価損　20　（貸）売買目的有価証券　20

整理後　　　売買目的有価証券　　　　　　　　有価証券評価益

帳簿価額　800　　減　額　20　　　　　　評価損　20
　　　　　　　　　残高＝評価額
　　　　　　　　　￥780

第4章 決算

29 決算整理仕訳⑤
固定資産の減価償却

固定資産は価値の減少を合理的な見積りで計算して決算日の帳簿価額を決めるのよ その手続きが減価償却なの

減価償却については固定資産の売却の説明のときにもありました 減価償却費は毎期決算時に計上されるって

そうそう その減価償却費を決算整理仕訳で計上するのよ

ここでは同じような説明になるかもしれないけど 決算整理仕訳における減価償却ということで説明するわね

よろしくお願いします

■減価償却費の計算の例

減価償却費の計算には
取得原価（固定資産の購入時の原価）
耐用年数（使用できると予測される年数）
残存価額（使用できなくなり処分するときの見積売却額）
という3つの要素が必要なの
それをふまえて次の備品の例を考えてみるわね

〈ある備品の例〉　取得原価　¥2,000,000
　　　　　　　　耐用年数　5年
　　　　　　　　残存価額　取得原価の10％

つまりこの備品は5年間の使用により
5年後には10％の価値に下がり
¥2,000,000 － ¥2,000,000×10％ ＝ ¥1,800,000
の価値が減少することになるのよ
これから1年分の価値の減少額を計算すると
¥1,800,000 ÷ 5年 ＝ ¥360,000
となりこれが1年分つまり当期の減価償却費というわけなの
この方法は毎年一定の金額が減価償却費として
計上されるので定額法というのよ

$$1年間の減価償却費 = \frac{取得原価 - 残存価額}{耐用年数}$$

取得原価　　　　　この間に¥1,800,000の価値が減少　　　　残存価値
¥2,000,000　　　　（¥2,000,000－¥200,000）　　　　　　　¥200,000

購入　………………………　耐用年数　5年　………………………　処分
　　　　　　　　　　　　　　　　　　　　　　　　　　　　　　（使えなくなる）

減価償却費の場合記帳法には直接法と間接法があるわ

まず直接法は減価償却費（費用）を計上してその分だけ該当する資産勘定を減額させる方法でそのため決算整理後の資産勘定の残高はその資産の帳簿価額を表しているの

直 接 法…減価償却費分だけ該当の資産勘定を減額させる方法
間 接 法…資産勘定を減額させず、減価償却累計額勘定を用いる方法

■直接法の例

整理前　　　　　備　　品

取得原価 2,000	

整理仕訳　（借）減 価 償 却 費　360　　（貸）備　　　　　品　360

整理後　　　　　備　　品　　　　　　　　　減価償却費

取得原価 2,000	減　額 360
	残高=帳簿価額 ¥1,640

償却費 360	

また間接法は資産勘定を直接減額させず減価償却累計額勘定を使用する方法で決算整理によって減価償却累計額勘定は毎年累計されていくのよ
この時 資産勘定は取得原価のままのため資産勘定から減価償却累計額を控除すればその資産の帳簿価額がわかるわ

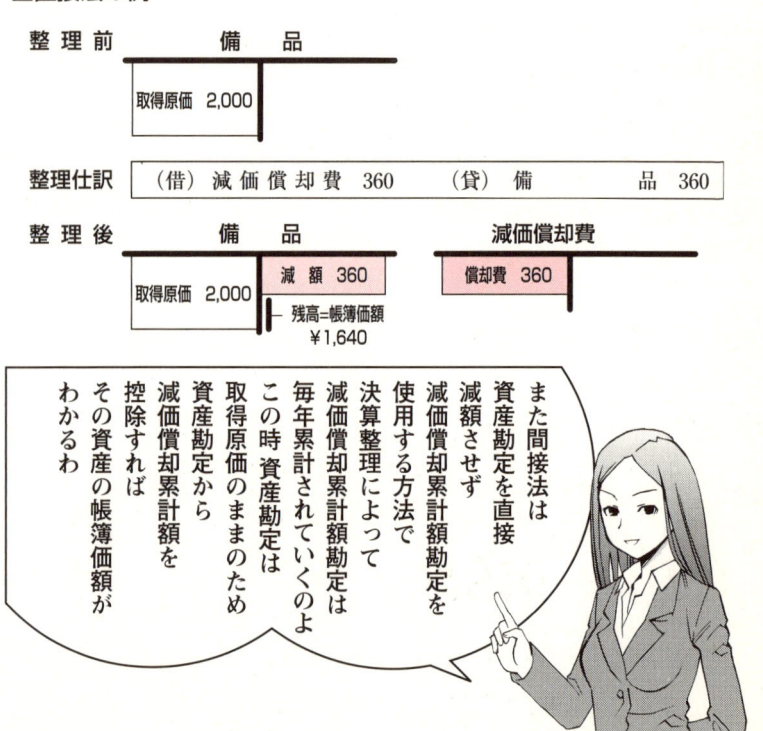

■間接法の例

整理前　備品勘定は直接法と同様、取得原価¥2,000が残っている。

整理仕訳　（借）減価償却費　360　　（貸）減価償却累計額　360

整理後

```
    減価償却累計額              減価償却費
            累計額 360    償却費 360
```

※備品勘定の修正は行われません。

間接法によって記帳されている場合は、次の金額が帳簿価額となります。

資産勘定(取得原価) － 減価償却累計額 ＝ 帳簿価額

例えば 取得原価
¥4,000,000 で耐用年数6年
残存価額が取得原価10%の備品を
9月1日に購入した場合
（会計期間1月1日～12月31日）
は下のようにね

また期中に取得した固定資産の減価償却は月割で行うこと

■減価償却費の決算整理

（借）減価償却費　200,000　（貸）減価償却累計額　200,000

$$\frac{¥4,000,000 - ¥400,000}{6年} \times \frac{4ヶ月※}{12ヶ月} = ¥200,000$$

※年9月1日～年12月31日　∴　4ヶ月

こうして取得日から決算日までの減価償却費を計算するんだけどこの時取得した日が月の途中でもその月を1ヶ月として計算するのよ

なるほど
期中取得の場合は月割か…
覚えておこう

第4章 決算

30 決算整理仕訳⑥
消耗品の整理

固定資産になる備品などについてはわかりましたが消耗品の場合はどのように整理するんですか？

前にも言ったように消耗品については毎日の使用を調査し記録するのは煩雑なので買入時のみ記録を行い使用したときには特に何も処理しないのよ

消耗品勘定として資産で処理する方法か消耗品費勘定として費用で処理するんでしたよね

おっちゃんと覚えてたわね

そうよ そこで決算整理仕訳では未使用で消耗品がどれぐらい残っているか調べて正しい金額に修正するのよ

未使用で残っている消耗品はまだ資産としての価値があるからね

なるほど！

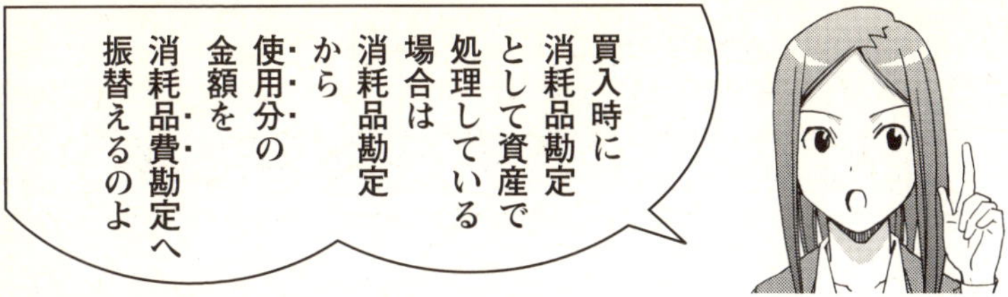

> 買入時に消耗品勘定として資産で処理している場合は消耗品勘定から使用分の金額を消耗品費勘定へ振替えるのよ

■買入時に消耗品勘定（資産）で処理している場合

整理前　消耗品
買入金額 1,000

整理仕訳　（借）消耗品費 600　（貸）消耗品 600

整理後　消耗品 ／ 消耗品費
買入金額 1,000 ／ 使用分 600 ／ 使用分 600
残高＝未使用分 ¥400

> また買入時に消耗品費勘定として費用で処理した場合は購入した時の金額をすべて費用処理しているわけだから

> 未使用分の金額を消耗品勘定へ振替えるのよ

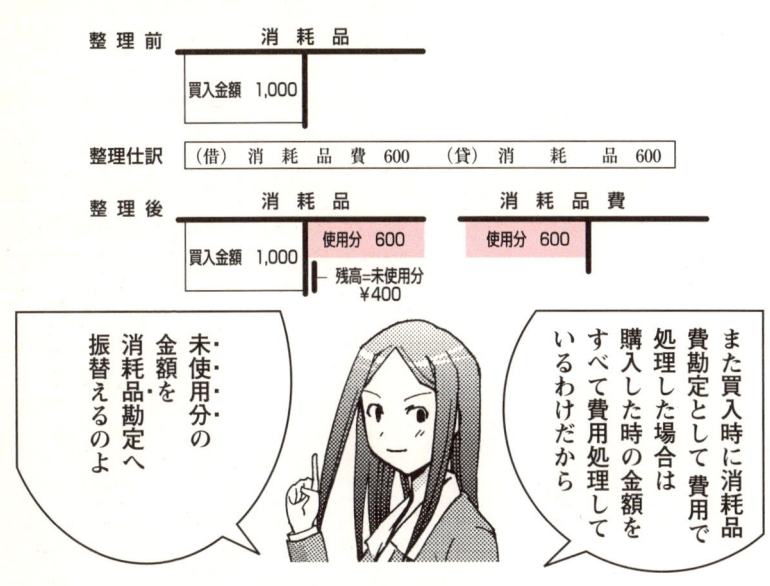

■買入時に消耗品勘定（費用）で処理している場合

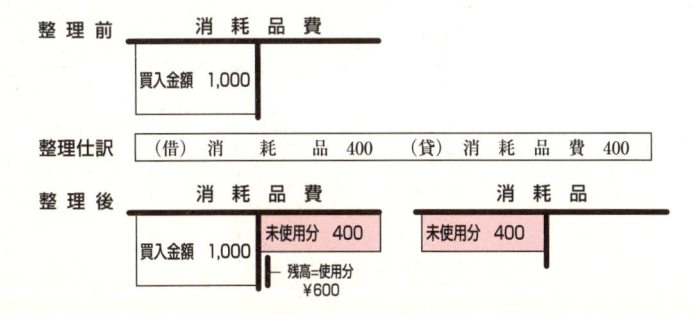

整理前　消耗品費
買入金額 1,000

整理仕訳　（借）消耗品 400　（貸）消耗品費 400

整理後　消耗品費 ／ 消耗品
買入金額 1,000 ／ 未使用分 400 ／ 未使用分 400
残高＝使用分 ¥600

第4章 決算

31 決算整理仕訳⑦
費用の繰延と収益の繰延

次に費用と収益についてだけどまず繰延について説明しようかしら？

繰延？どういうことをするんですか？

例えば保険料や家賃 地代 利息など通常は現金の受払いがあったときに記録されるものだけど

時々 前払いしたものや前受けしたものがあって当期の費用・収益として計上したものの中に次期以降の分が含まれていることがあるのよ

そのためその分を当期計上分から除いて正しい費用・収益に修正する必要があるのよ

つまり繰延とは現金の受入・支払にもとづいて計上された費用・収益から次期以降に属する分を控除して資産または負債として計上することをいうのよ

■費用の繰延

当期の費用として支払った金額の中に次期以降の費用が含まれている場合その分だけ費用が多く計上されているわけだから費用を減額し前払費用勘定（資産）に計上するのよ

整理前　費用勘定
支払額 2,000

整理仕訳　（借）前 払 費 用 1,000　　（貸）費 用 勘 定 1,000

整理後　費用勘定
支払額 2,000 ／ 次期分 1,000
残高＝当期分 ¥1,000

前払費用
次期分 1,000

例えば7月1日に火災保険料1年分¥24,000を現金で支払ったとするわね
保険料は1年分だから 翌年6月30日までの分を支払ったことになるわ
また決算日が3月31日とすると そのうち当期の費用となるのは
7月から3月までの9ヶ月分だけで つまり4月から6月の3ヶ月分は次期の費用を
当期に支払ったことになるのよ

そのため 次期分の保険料を当期の費用から除き
前払費用として次期に繰延べるというわけなの

支払1年分 ¥24,000
当期9ヶ月分 ¥18,000 ／ 次期3ヶ月分 ¥6,000

7/1 支払日　　　3/31 決算日　　　6/30

7月1日に、保険料1年分を支払った。

（借）保　　険　　料	24,000	（貸）現　　　　　金	24,000

3月31日、決算に際し、上記保険料のうち前払分¥6,000を次期に繰延べた。

（借）前 払 費 用	6,000	（貸）保　　険　　料	6,000

収益の繰延

また、当期の収益として受取った金額の中に次期以降の収益が含まれている場合はその分だけ収益が多く計上されているわけだから収益を減額させ前受収益勘定（負債）に計上するのよ

整理前　収益勘定
　　　　　　　　受取額　800

整理仕訳　（借）収益勘定　300　（貸）前受収益　300

整理後　収益勘定
　次期分　300　｜　受取額　800
　残高＝当期分
　　¥500

前受収益
　　　　　　　　次期分　300

例えば2月1日に土地の賃貸契約を結び地代4ヶ月分¥46,000を現金で受取ったとするわね
そうすると 地代は4ヶ月分だから 5月31日までの分を受け取ったことになるわ
また決算日が3月31日とすると 当期の収益となるのは2ヶ月分だけで残り2ヶ月分は次期分の収益を受取ったことになるのよ
そのため 決算に際しては次期分の地代を当期の収益から除き 前受収益として次期に繰延べるわけなの

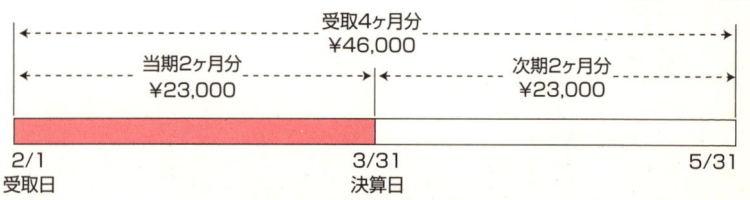

受取4ヶ月分　¥46,000
当期2ヶ月分　¥23,000 ／ 次期2ヶ月分　¥23,000
2/1 受取日　　3/31 決算日　　5/31

2月1日に、4ヶ月分の地代を4ヶ月分受け取った。

| （借）現　金　46,000 | （貸）受取地代　46,000 |

3月31日、決算に際し、上記地代のうち前受分を次期へ繰延べた。

| （借）受取地代　23,000 | （貸）前受収益　23,000 |

さらに当期繰延べたものについては翌期首にその分を反映させなければならないので再振替仕訳を行う必要があるのよ

この時前払費用は次期以降の費用となるため翌期の期首に決算整理仕訳の逆仕訳を行い費用勘定に再び計上して前払費用勘定の残高をゼロとし

また前受収益も同様に逆仕訳を行い収益勘定に再び計上して前受収益勘定の残高をゼロにするのよ

■前払費用の場合

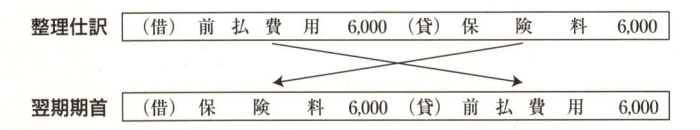

整理仕訳	(借) 前払費用 6,000	(貸) 保険料 6,000
翌期期首	(借) 保険料 6,000	(貸) 前払費用 6,000

■前受収益の場合

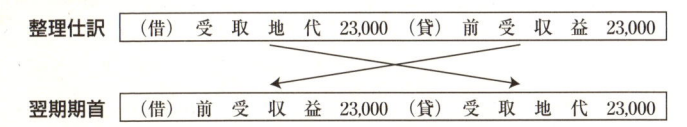

整理仕訳	(借) 受取地代 23,000	(貸) 前受収益 23,000
翌期期首	(借) 前受収益 23,000	(貸) 受取地代 23,000

こうすることで当期、翌期とも正しい費用・収益となるわけなの

なるほどこれなら前払費用や前受収益があったことが翌期になってもわかりますね

第4章 決算

32 決算整理仕訳⑧
費用の見越と収益の見越

ところで繰延とは逆に現金の受払いがないために記録されていないものでも当期の費用・収益として計上しなければならないものがあるわ

受払いが次期以降になってしまうものですね

そうよ

この場合には決算日に追加計上することで当期の費用・収益を正しく修正させるの

これを見越しといって当期に属する費用・収益に足りない分を加算し資産または負債として計上するのよ

今度は見越しかぁ

費用の見越

> まだ支払いがされていないため記帳されていないけど当期の費用として計上すべきものは当期の費用に加算して未払費用勘定（負債）に計上するのよ

整理前　　　　　費　用　勘　定

支払額　1,500

整理仕訳　（借）費　用　勘　定　500　　（貸）未　払　費　用　500

整理後　　　　　費　用　勘　定　　　　　　　　　　未　払　費　用

支払額　1,500　　残高＝当期分　　　　　　　　　　　　　　計上額　500
計上額　500　　　¥2,000

> 例えば1月31日と7月31日に家賃半年分の¥27,000を現金で後払いして支払う契約だとするわね
> 家賃は1月31日までの分を支払って費用としているけど決算日までの2月と3月分は7月31日に支払うので費用として計上していないわ
> しかしそのうちの2ヶ月分の家賃は当期の費用となるべきものなので その分を支払家賃勘定に加算して未払費用勘定を計上するわけなの

```
|--------支払6ヶ月分--------|--未払2ヶ月分--|
        ¥27,000              ¥9,000
8/1                      1/31         3/31
                         支払日        決算日
```

（借）支　払　家　賃　27,000　　（貸）現　　　　　金　27,000

3月31日、決算に際し、家賃の未払分¥9,000を計上した。

（借）支　払　家　賃　9,000　　（貸）未　払　費　用　9,000

収益の見越

> それからまだ受取がないため記帳されていないけど当期の収益として計上すべきものについては当期の収益に加算して未収収益勘定（資産）に計上するのよ

整理前　　　収益勘定

| | 受取額 1,000 |

整理仕訳　（借）未 収 収 益　200　　（貸）収 益 勘 定　200

整理後　　　収益勘定　　　　　　　未 収 収 益

残高=当期分 ¥1,200
受取額 1,000
計上額 200
計上額 200

> 例えば1月31日と7月31日に貸付金に対する利息半年分の¥6,000を現金で後払いで受取る契約だとするわね
> この場合 当期の2月から3月分の利息は受取っておらず
> 期中に受取利息を計上していないものの
> 貸付けは継続して行われているとすると
> 2ヶ月分の利息は 当期の収益とされるべきものになるため 受取利息勘定に加算して未収収益勘定を計上するのよ

受取6ヶ月分　¥6,000　／　未収2ヶ月分　¥2,000

8/1　　　　　　　　　　　　　1/31　　　　3/31
　　　　　　　　　　　　　　受取日　　　決算日

| （借）現　　　　金　6,000 | （貸）受 取 利 息　6,000 |

3月31日、決算に際して利息の未収分¥2,000を計上した。

| （借）未 収 収 益　2,000 | （貸）受 取 利 息　2,000 |

また繰延の時と同様にその分を再振替仕訳する必要があるの

つまり未払費用は当期の費用として計上するけど実際に支払が行われるのは次期以降よね

そのため翌期の期首に決算整理仕訳の逆仕訳を行い次期の費用からあらかじめ控除して未払費用勘定の残高をゼロとするの

また未収収益も同様に逆仕訳を行い次期の収益からあらかじめ控除して未収収益勘定の残高をゼロとするのよ

■未払費用の場合

整理仕訳	(借) 支 払 家 賃 9,000	(貸) 未 払 費 用 9,000
翌期期首	(借) 未 払 費 用 9,000	(貸) 支 払 家 賃 9,000
支 払 時	(借) 支 払 家 賃 27,000	(貸) 現 金 27,000

■未収収益の場合

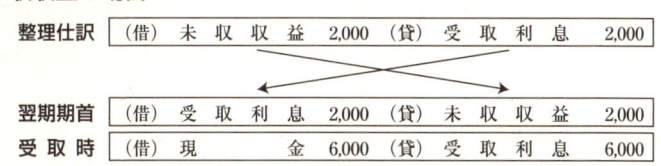

整理仕訳	(借) 未 収 収 益 2,000	(貸) 受 取 利 息 2,000
翌期期首	(借) 受 取 利 息 2,000	(貸) 未 収 収 益 2,000
受 取 時	(借) 現 金 6,000	(貸) 受 取 利 息 6,000

ようするに繰延も見越も当期に計上されるべきものと次期に計上されるべきものにそれぞれ正すわけなんですね

そういうこと

第4章 決算

㉝ 精算表の作成
精算表の作成手順と記入法

決算整理仕訳が終わったら次は精算表の作成よ

ここでは決算整理前の残高試算表に決算整理仕訳を加減して各勘定を修正するの

すべて正しい金額に修正されるんですね

そう それに精算表は決算に誤りがないように行うためのものであると同時に決算全体の流れを把握するものでもあるのよ

大事な手続きなんですね

この精算表をもとに損益計算書と貸借対照表を作成するわけだから正確に行わなければいけないのよ

作成手順はしっかり覚えてね

精算表の作成は次の順序で行うのよ

作成手順

① 各勘定の残高金額を残高試算表欄に記入する。
② 決算整理事項にもとづいた決算整理仕訳を修正記入欄に記入する。
③ 試算表の収益・費用の各勘定の金額に修正記入欄の金額を加減した金額を損益計算書欄に記入する。
④ 試算表欄の資産・負債・純資産（資本）の各勘定の金額に修正記入欄の金額を加減した金額を貸借対照表欄に記入する。
⑤ 損益計算書欄の借方・貸方の金額をそれぞれ合計し、その差額を金額の少ない側に赤字で記入し、当期純利益または当期純損失する。
⑥ 損益計算書で計算された純損益を貸借対照表の同じ行へ、貸借逆に記入する（純利益は貸方へ、純損失は借方へ）。
⑦ 各欄の借方・貸方の金額をそれぞれ合計し、締切る。

精 算 表
平成○年3月31日

勘定科目	残高試算表		修正記入		損益計算書		貸借対照表	
	借方	貸方	借方	貸方	借方	貸方	借方	貸方
資　　産	×××		(+)	(−)			×××	
負　　債		×××	(−)	(+)				×××
純資産(資本)		×××	(−)	(+)				×××
収　　益		×××	(−)	(+)		×××		
費　　用	×××		(+)	(−)	×××			×××
	×××	×××						
当期純利益					⑤××			⑥××
			×××	×××	×××	×××	×××	×××

①決算整理前の各勘定残高
②決算整理仕訳を記入します
③決算整理後の収益勘定・費用勘定の残高
④決算整理後の資産勘定・負債勘定・純資産（資本）勘定の残高

> 手順を具体的な例で見てみましょう

> 修正事項が
> (1) 売掛金に対して2％の貸倒れを見積もること(差額補充法によること)
> (2) 期末商品棚卸高が¥20,000である場合
> まず決算整理仕訳をすると次のようになるのよ

(1) （借）貸倒引当金繰入　　　300　　（貸）貸倒引当金　　　300

※¥20,000（売掛金）×2％－¥100＝¥300

(2) a （借）仕　　　　入　　10,000　　（貸）繰越商品　　10,000
　　 b （借）繰越商品　　　20,000　　（貸）仕　　　　入　　20,000

精　算　表
平成○年3月31日

勘定科目	残高試算表 借方	残高試算表 貸方	修正記入 借方	修正記入 貸方	損益計算書 借方	損益計算書 貸方	貸借対照表 借方	貸借対照表 貸方
現金預金	15,000							
売掛金	20,000							
繰越商品	10,000		(2)b 20,000	(2)a 10,000				
買掛金		7,900						
貸倒引当金		100		(1)300				
資本金		20,000						
売上		57,000						
仕入	40,000		(2)a 10,000	(2)b 20,000				
	85,000	85,000						
(貸倒引当金繰入)			(1)300					
当期純利益								
			30,300	30,300				

> そして各勘定の残高金額が残高試算表欄に記入されたとおりなら上の決算整理仕訳を修正記入欄に記入し
> また(1)の貸倒引当金繰入は決算整理で新たに生ずる科目なので残高試算表の下の行に書き加えるのよ

それが済んだら次に残高試算表の各勘定の金額に修正記入欄の金額を加減して損益計算書欄貸借対照表欄に金額を記入するの

精 算 表
平成○年3月31日

勘定科目	残高試算表 借方	残高試算表 貸方	修正記入 借方	修正記入 貸方	損益計算書 借方	損益計算書 貸方	貸借対照表 借方	貸借対照表 貸方
現 金 預 金	15,000						15,000	
売 掛 金	20,000						20,000	
繰 越 商 品	10,000		20,000	10,000			20,000	
買 掛 金		7,900						7,900
貸倒引当金		100		300				400
資 本 金		20,000						20,000
売 上		57,000				57,000		
仕 入	40,000		10,000	20,000	30,000			
	85,000	85,000						
(貸倒引当金繰入)			300		300			
当期純利益					26,700			26,700
			30,300	30,300	57,000	57,000	55,000	55,000

そして損益計算書欄貸借対照表欄の各勘定科目の記入を終えたら損益計算書欄の借方・貸方の金額を計算し差額￥26,700を当期純利益（借方に赤字記入）とし

この金額を貸借対照表欄の貸方に記入して各欄の締切りを行って精算表は完成よ

> 下の表は8桁精算表よ

> 金額記入欄が左から
> ① 残高試算表欄(借方)
> ② 残高試算表欄(貸方)
> ③ 修正記入欄(借方)
> ④ 修正記入欄(貸方)
> ⑤ 損益計算書欄(借方)
> ⑥ 損益計算書欄(貸方)
> ⑦ 貸借対照表欄(借方)
> ⑧ 貸借対照表欄(貸方)
> の8桁があるでしょ

8桁精算表

精算表
会社名　　　　　　　　　平成○年3月31日

勘定科目	残高試算表		修正記入		損益計算書		貸借対照表	
	借方	貸方	借方	貸方	借方	貸方	借方	貸方

> その他にも決算全体をさらに細かく分類した10桁精算表があるのよ

> 精算表は企業の目的に応じて作成できるのよ
> また左は10桁精算表の2通りの例よ

10桁精算表

〈例①〉

精　算　表

勘定科目	整理前試算表		修　正　記　入		整理後試算表		損益計算書		貸借対照表	
	借方	貸方	借方	貸方	借方	貸方	借方	貸方	借方	貸方

　　　　　①　　　　　②　　　　　③　　　　　④　　　　　⑤

① 決算整理前の各勘定の残高を記入します。
② 決算整理事項にもとづいた決算整理仕訳を記入します。
③ 決算整理後の各勘定の残高を記入します。
④ 収益・費用の各勘定の残高を③から転記します。
⑤ 資産・負債・純資産（資本）の各勘定の残高を③から転記します

〈例②〉

精　算　表

勘定科目	繰越試算表		期　中　取　引		修　正　取　引		損益計算書		貸借対照表	
	借方	貸方	借方	貸方	借方	貸方	借方	貸方	借方	貸方

　　　　　①　　　　　②　　　　　③　　　　　④　　　　　⑤

① 期首の各勘定の残高（前期繰越高）を記入します。
② 期中取引による各勘定の増減を貸借それぞれで合計した金額を記入します。
③ 決算整理事項にもとづいた決算整理仕訳を記入します。
④ 収益・費用の各勘定の残高（②＋③）を記入します。
⑤ 資産・負債・純資産（資本）の各勘定の残高（①＋②＋③）を記入します。

第4章 決算

34 帳簿上の決算
決算振替仕訳、帳簿の締切り

精算表が作成できたらこれで予備手続きは終わり ここからがいよいよ本手続きよ

ゴクッ

はい

決算整理手続きによって各総勘定元帳の残高は決算日の正しい金額となったわけだけど

この各勘定の記録に基づいて帳簿上の決算が行われるの

帳簿上の決算は「決算振替仕訳」と「帳簿の締切り」があって

① 収益・費用の残高から当期純損益を計算する
② 資産・負債・純資産（資本）の期末有高を明らかにする
③ 当期の記録の終了を示し各帳簿を新しい記入状態にする

という目的で行われるのよ

収益・費用の決算振替

まず帳簿上の決算は当期純利益の算定から行うのよ

収益－費用＝当期純利益ですね

帳簿上の決算では当期純利益の計算を行うために新たに「損益勘定」を設定し収益・費用の各勘定の残高を振替えるの

この振替仕訳によってすべての収益・費用は損益勘定に集計され損益勘定の貸借差額が当期純利益または当期純損失として把握できるのよ

| (借) | 収 益 勘 定 | ××× | (貸) | 損　　　　　益 | ××× |
| (借) | 損　　　　　益 | ××× | (貸) | 費 用 勘 定 | ××× |

※損益勘定への転記のさいは「諸口」を使用せず、個別に転記します。
※費用が収益よりも大きい場合は純損失となります。

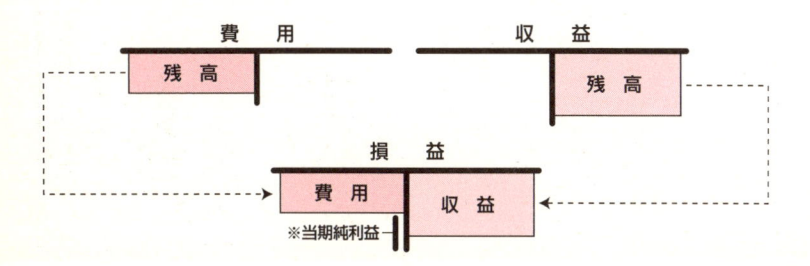

```
    費　用              収　益
┌─────────┐    ┌─────────┐
│ 残 高   │    │         │
│         │    │   残 高 │
└─────────┘    └─────────┘

         損　益
    ┌─────────┐
    │ 費 用 │ 収 益 │
    └─────────┘
       ※当期純利益
```

**期末純資産(資本)
－
期首純資産(資本)
＝
当期純損益**

> 当期純損益は純資産(資本)の増減を意味しているから

> 期首純資産(資本)と期末純資産(資本)の差額が当期純損益ともいえるのよ

■当期純損益の処理(株式会社の場合)

当期純利益の振替

| (借) | 損 | 益 | ××× | (貸) | 繰越利益剰余金 | ××× |

当期純損失の振替

| (借) | 繰越利益剰余金 | ××× | (貸) | 損 | 益 | ××× |

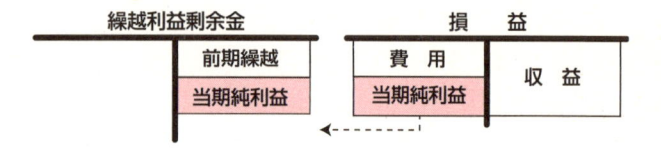

```
    繰越利益剰余金              損          益
    ┌──────────┐          ┌─────┬─────┐
    │  前期繰越  │          │ 費 用 │ 収 益 │
    ├──────────┤          ├─────┤      │
    │  当期純利益 │ ◄------  │当期純利益│      │
    └──────────┘          └─────┴─────┘
```

※個人企業の場合には、当期純損益を損益勘定から資本金勘定に振り替えます。

> ここまでで各収益勘定と各費用勘定の締切りが終わったわ
> 残りの資産・負債・純資産(資本)については実務の迅速性を考えて行われる英米式のやり方で説明するわね

ただし英米式決算法では資産・負債・純資産（資本）の勘定についての締切りは決算振替仕訳を行わず

各勘定の上だけで締切りをしてしまうのよ

英米式決算法による帳簿の締切りの手順では資産であれば総勘定元帳の残高は借方にあるのでその金額を貸方に記入し「次期繰越」と記入するだけなのよ

これを繰越記入といってすべて赤字で行うのまたこれによって総勘定元帳の貸借の合計金額は同額となるので貸借の行をそろえて合計金額を記入して締切ることができ

次に決算日の翌日の日付で借方に「前期繰越」として繰越金額を記入するのよ

			現	金			
4/1	資 本 金		500,000	4/4	仕 入		100,000
7	売 上		250,000	5	備 品		90,000
8	諸 口		81,000	12	諸 口		44,000
				24	家 賃		70,000
				30	次 期 繰 越		527,000
			831,000				831,000
5/1	前 期 繰 越		527,000				

155

> また、負債・純資産（資本）の各総勘定元帳の残高は貸方にあるのでその金額を借方に記入し「次期繰越」として赤字で記入するのよ

> それによって総勘定元帳の貸借の合計金額は同額となり貸借の行をそろえて合計金額を記入して締切ることができるの
> そして次に決算日の翌日の日付で貸方に「前期繰越」として繰越金額を記入するのよ

	買	掛	金				
4/12	支 払 手 形		21,000	4/3	仕	入	100,000
	30 次 期 繰 越		79,000				
			100,000				100,000
				5/1	前 期 繰 越		79,000

	資	本	金				
4/30	次 期 繰 越		500,000	4/1	現	金	500,000
				5/1	前 期 繰 越		500,000

> 英米式決算法では資産・負債・純資産（資本）の各勘定記入の正確性を検証するために次期繰越分だけを集めて繰越試算表を作成するのよ

> 簿記では本当に正確さが大事なんですね

繰越試算表
平成〇年〇月〇日

借	方	勘 定 科 目	貸	方
	×××	資　　　産		
		負　　　債		×××
		純資産（資本）		×××
	×××			×××

第4章 決算

35 財務諸表の作成
損益計算書と貸借対照表

決算手続きの最後は決算報告のための財務諸表の作成よ

損益計算書や貸借対照表などですね

そう これらは簿記において最も重要な報告書なの

この財務諸表によって企業の経営者や債権者投資家などは知りたかった情報を得て将来の計画に役立てることができるのよ

簿記のゴールは決算 そして決算のゴールは財務諸表という決算書を作成し利害関係者に報告することにあるといっても過言じゃないわ

これまでのことはすべてこのためだったんですね

初めにもいったけど(第1章②)損益計算書は企業の一定期間の経営成績を明らかにする報告書よ

損益計算書は報告式と勘定式があるんだけどここでは勘定式で説明するわ

損　益　計　算　書

東京商店　　　平成○年4月1日から平成○年3月31日まで　　　（単位：円）

費　　　用	金　　額	収　　　益	金　　額
売　上　原　価	770,000	売　　上　　高	1,400,000
給　　　　　料	86,000	受　取　利　息	10,000
消　耗　品　費	76,000	受　取　地　代	30,000
保　　険　　料	18,000		
支　払　家　賃	36,000		
貸倒引当金繰入	12,000		
減　価　償　却　費	54,000		
雑　　　　　費	9,500		
支　払　利　息	5,000		
有価証券評価損	19,000		
雑　　　　　損	500		
当　期　純　利　益	354,000		
	1,440,000		1,440,000

勘定式の損益計算書では借方側に費用の項目貸方側に収益の項目を記載することによっていくらの当期純利益が得られたかを表してるの

〈作成上の注意〉

損益計算書を作成する上で、表示科目や表示方法については一部注意が必要。

① 会計期間（いつからいつまで）、会社名を明記する。

② 売上勘定は「売上高」と表示する。

③ 仕入勘定は「売上原価」と表示する（決算整理によって仕入勘定残高は売上原価となっています）。

④ 当期純利益は借方に赤字で記入する。当期純損失が生じた場合は、貸方に赤字で記入する。

> そして貸借対照表は企業の一定時点の財政状態を明らかにする報告書よ

> 勘定式の貸借対照表では借方側に資産の項目を記載し貸方側に負債と純資産(資本)の項目を記載するのよ

貸 借 対 照 表

東京商店　　　平成○年3月31日　　　(単位：円)

資　産	金　額		負債および純資産(資本)	金　額
現　　　　　　金		20,000	買　掛　金	450,000
当　座　預　金		70,000	借　入　金	200,000
売　掛　金	500,000		前　受　地　代	100,000
貸倒引当金	15,000	485,000	未　払　家　賃	16,000
商　　　　　　品		230,000	資　本　金	950,000
売買目的有価証券		450,000	当期純利益	354,000
貸　付　金		65,000		
消　耗　品		4,000		
前　払　保　険　料		6,000		
未　収　利　息		2,000		
建　　　　　　物	900,000			
減価償却累計額	162,000	738,000		
		2,070,000		2,070,000

〈作成上の注意〉

貸借対照表を作成する上で、表示科目や表示方法については一部注意が必要。

① 決算日の日付、会社名（商店名）を明記する。

② 繰越商品勘定は「商品」と表示する（期末商品棚卸高の金額）。

③ 貸倒引当金勘定、減価償却累計額勘定はいずれも残高が貸方にありますが、設定の対象となった資産から控除する形式で借方に表示する。

④ 資本金は期首の金額を記載し、当期純利益または当期純損失はその次の行に別に表示する。

⑤ 繰延の勘定・見越の勘定は貸借対照表に記載される。

　　資産となる科目（借方）………未収○○、前払○○

　　負債となる科目（貸方）………未払○○、前受○○

第5章 帳簿と伝票

㊱ 帳簿の体系
帳簿の分類、主要簿と補助簿

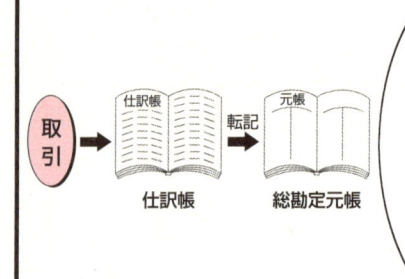

基礎から決算までの流れを大まかに話したけどだいたいわかったかしら？

……

よろしい

では最後に帳簿や伝票について話しておくわ

あらためて説明すると取引が発生したときにまず最初に記入される帳簿が仕訳帳

そして次に仕訳帳から転記されるのが総勘定元帳よ

取引 → 仕訳帳 → (転記) → 元帳

仕訳帳　総勘定元帳

この仕訳帳と総勘定元帳のことを主要簿というのよ

主要簿

その他に主要簿に記録されない取引先や品名その他の取引の明細を記録する帳簿として補助簿というのもあるのよ

帳簿の分類

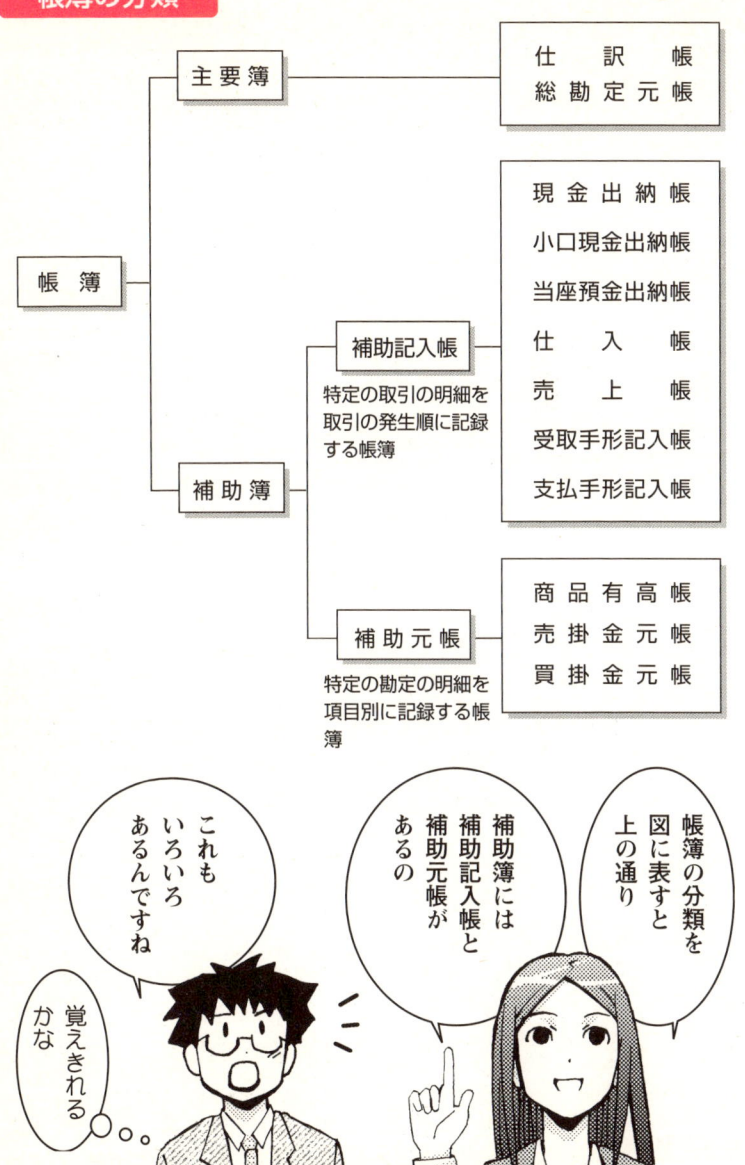

```
                              ┌─ 仕 訳 帳
              ┌─ 主要簿 ──────┤
              │               └─ 総勘定元帳
              │
              │                              ┌─ 現 金 出 納 帳
              │                              │─ 小口現金出納帳
              │               ┌─ 補助記入帳 ─│─ 当座預金出納帳
  帳 簿 ──────┤               │              │─ 仕 入 帳
              │               │              │─ 売 上 帳
              │               │              │─ 受取手形記入帳
              └─ 補助簿 ──────┤              └─ 支払手形記入帳
                              │  特定の取引の明細を
                              │  取引の発生順に記録
                              │  する帳簿
                              │
                              │               ┌─ 商 品 有 高 帳
                              └─ 補助元帳 ───┤─ 売 掛 金 元 帳
                                              └─ 買 掛 金 元 帳
                                 特定の勘定の明細を
                                 項目別に記録する帳
                                 簿
```

帳簿の分類を図に表すと上の通り

補助簿には補助記入帳と補助元帳があるの

これもいろいろあるんですね

覚えきれるかな

第5章 帳簿と伝票

㊲ 仕訳帳と総勘定元帳

仕訳帳と総勘定元帳の記入方法

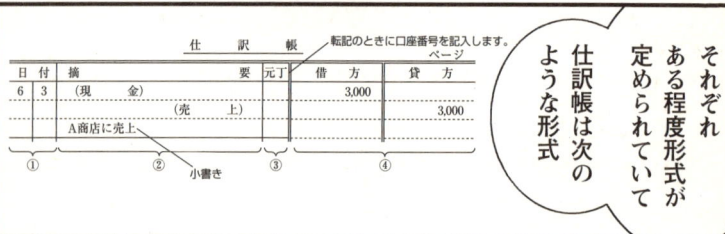

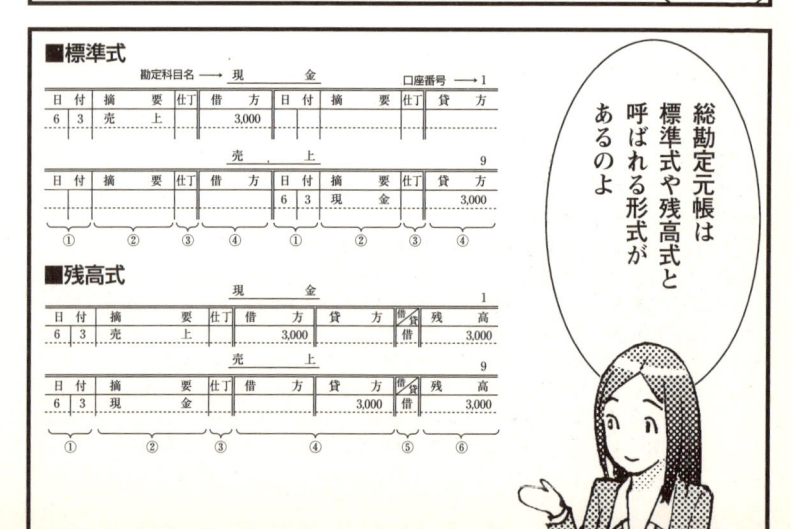

ではまず主要簿である2つの帳簿 仕訳帳と総勘定元帳の記入の方法から説明しようかしら

それぞれある程度形式が定められていて仕訳帳は次のような形式

仕 訳 帳
転記のときに口座番号を記入します。
ページ

日付	摘 要	元丁	借 方	貸 方
6 3	（現　金）		3,000	
	（売　上）			3,000
	A商店に売上			

① ② 小書き ③ ④

総勘定元帳は標準式や残高式と呼ばれる形式があるのよ

■標準式

勘定科目名 → 現　金　　　　口座番号 → 1

日付	摘 要	仕丁	借 方	日付	摘 要	仕丁	貸 方
6 3	売　上		3,000				

① ② ③ ④ ① ② ③ ④

売　上　　　9

日付	摘 要	仕丁	借 方	日付	摘 要	仕丁	貸 方
				6 3	現　金		3,000

■残高式

現　金　　　1

日付	摘 要	仕丁	借 方	貸 方	借/貸	残 高
6 3	売　上		3,000		借	3,000

① ② ③ ④ ⑤ ⑥

売　上　　　9

日付	摘 要	仕丁	借 方	貸 方	借/貸	残 高
6 3	現　金			3,000	借	3,000

仕訳帳の記入例

仕　訳　帳

1

日 付		摘　　　　　　　要	元丁	借　方	貸　方
4	1	（現　　金）		150,000	
		（資　本　金）			150,000
		開業			
	2	（仕　　入）　　　諸　口		50,000	
		（現　　金）			20,000
		（買　掛　金）			30,000
		山梨商店より仕入れ			
	18	諸　　口　　（売　　上）			30,000
		（現　　金）			15,000
		（買　掛　金）			15,000
		滋賀商店へ売上げ			
		次ページへ		230,000	230,000

①　　　　　　②　　　　　　③　　　　　④

① 日付欄
取引の発生した月日を記入する。ただし、月は1回記入したら月が変わるまでは記入しない。同じ日の取引は、日を記入せず「〃」と記入する。

② 摘要欄
ア．借方の勘定科目を左側に、貸方の勘定科目を右側に記入する。各勘定科目ごとに1行を用いる。
イ．各勘定科目にはカッコをつける。
ウ．借方または貸方の勘定科目が複数になるときは、科目の上に「諸口」と記入する。
エ．仕訳の下に取引を補足説明することがあります。これを小書きという。
オ．ひとつの仕訳ごとに摘要欄に横線を引きます。これを区切線といいますが、各ページの最後の仕訳には必要ない。

③ 元丁欄
元丁とは、総勘定元帳の口座番号のことで、総勘定元帳へ転記したときにその勘定口座の口座番号を記入する。したがって、元丁欄に番号が記入されていれば転記が済んでいることを意味する。

④ 金額欄　借方欄・貸方欄
取引金額を摘要欄の勘定科目と同じ行に記入する。

⑤ その他の注意すべき点
ア．ひとつの取引の仕訳は2ページに分けて仕訳できない。
イ．1ページの記入が終わって次のページへ移る場合は、そのページの最終行の金額欄の上に単線（合計線）を引き、その下にそれまでの合計金額（借方・貸方）を記入し、摘要欄に「次ページへ」と記入する。次ページでは摘要欄に「前ページから」と記入し、金額欄に前ページからの金額（借方・貸方）を記入する。
ウ．一定期間の記入がすべて終了したら、最後の記入をした次の行の金額欄の上に単線（合計線）を引き、その下に一定の期間の合計金額を記入する。そして、合計金額の下に複線（締切線）を引く。なお、複線（締切線）は、日付欄にも引く。

総勘定元帳の記入例

■簡便的な方法

6月3日の取引

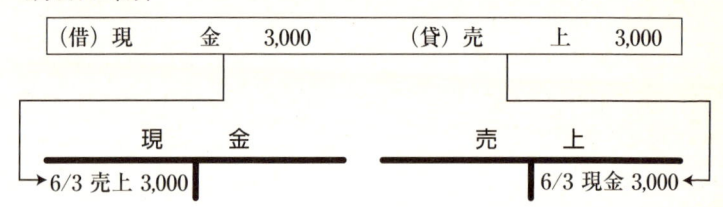

(借) 現　　金　3,000　　　(貸) 売　　上　3,000

現　　金	売　　上
6/3 売上 3,000	6/3 現金 3,000

■標準式

勘定科目名 →　現　　金　　　　　　　　　　　　　　口座番号 → 1

日	付	摘	要	仕丁	借	方	日	付	摘	要	仕丁	貸	方
6	3	売	上		3,000								

売　　上　　　　　　　　　　　　　　　　　　　9

日	付	摘	要	仕丁	借	方	日	付	摘	要	仕丁	貸	方
							6	3	現	金		3,000	

① 　　　② 　　　③ 　　　④ 　　　① 　　　② 　　　③ 　　　④

① **日付欄**

仕訳帳の日付（取引の発生日）を記入する。

② **摘要欄**

仕訳の相手勘定科目を記入する。相手の勘定科目が複数の場合には「諸口」と記入する。

③ **仕丁欄**

仕丁とは仕訳帳のページ数のことです。転記された仕訳が記入されている仕訳帳のページ数を記入する。

④ **借方欄・貸方欄**

借方に転記される場合は借方欄に、貸方に転記される場合は貸方欄に取引金額を記入する。

■残高式

現　　　金　　　　　　　　　　1

日	付	摘	要	仕丁	借　方	貸　方	借/貸	残　高
6	3	売	上		3,000		借	3,000

売　　　上　　　　　　　　　　9

日	付	摘	要	仕丁	借　方	貸　方	借/貸	残　高
6	3	現	金			3,000	貸	3,000

① ② ③ ④ ⑤ ⑥

① 日付欄
仕訳帳の日付（取引の発生日）を記入する。

② 摘要欄
仕訳の相手勘定科目を記入します。相手の勘定科目が複数の場合には「諸口」と記入する。

③ 仕丁欄
仕丁とは仕訳帳のページ数のこと。転記された仕訳が記入されている仕訳帳のページ数を記入する。

④ 借方欄・貸方欄
借方に転記される場合は借方欄に、貸方に転記される場合は貸方欄に取引金額を記入する。

⑤ 借または貸欄
その勘定の残高が借方なのか貸方なのかを記入する。借方残高であれば「借」、貸方残高であれば「貸」と記入する。

⑥ 残高欄
その取引が行われた時点での残高を記入する。金額は借方欄の合計金額と貸方欄の合計金額の差引残高を記入する。

> 仕訳帳の段階で記入の誤りなどがあると総勘定元帳への転記まで誤ってしまうから仕訳帳は特に気をつけて正確に記入することを忘れないで

> はい　肝に銘じます

第5章 帳簿と伝票

38 現金出納帳、当座預金出納帳、小口現金出納帳

現金勘定や預金勘定を増減させる取引の明細を記録

主要簿の次は補助簿についての説明よ

仕訳帳や総勘定元帳の他にもあるという帳簿ですね

ええ いろいろな仕訳に関わってくる帳簿だからよく覚えておくのよ

はい

確かいろいろあるんですよね

まずは基本的な現金・預金についての補助簿

現金出納帳と当座預金出納帳の説明からするわね

現金出納帳の記入方法

① **日付欄**
　取引の発生した日を記入する。
② **摘要欄**
　取引内容、取引相手名などを簡潔に記入する。
③ **収入欄・支出欄**
　現金の増加は収入欄に、減少は支出欄に金額を記入する。
④ **残高欄**
　その取引までの現金残高が記入される。

> 現金出納帳は現金勘定を増減させる取引が発生した場合その明細を記入するものなのよ

現　金　出　納　帳

日	付	摘　　　　　　　要	収　　入	支　　出	残　　高
7	2	商品売上（千葉商店）	10,000		10,000
	5	給料支払い		6,000	4,000
	①	②	③		④

当座預金出納帳の記入方法

> そして当座預金出納帳は当座預金勘定を増減させる取引が発生した場合にその明細を記入するものなのよ

① **日付欄**
　取引の発生した日を記入する。
② **摘要欄**
　取引内容・取引相手名・小切手番号などを簡潔に記入する。
　(注)小切手番号を表す記号(#等)を用いる。
③ **預入欄・引出欄**
　当座預金の増加は預入欄に、減少は引出欄に金額を記入する。
④ **借または貸欄・残高欄**
　借または貸側は、残高の金額が借方残高なのか貸方残高なのかを記入する。残高欄はその取引までの当座預金残高が記入される。

当　座　預　金　出　納　帳

日	付	摘　　　　　　　要	預　入	引　出	借/貸	残　高
5	4	商品売上（山形商店）	20,000		借	20,000
	7	買掛金（青森商店へ掛代金支払い#006）		5,000	〃	15,000
	①	②	③		④	

小口現金出納帳の記入方法

女性: ついでに現金ということで小口現金出納帳についても説明しておくわ さすがに小口現金は知ってるでしょ?

男性: 小口現金係に一定額の現金を前渡しておいて日常の雑費をそこから支払うんですよね いつもやってます

会計係 ←前渡し(補給)— 小口現金 —小口現金の支払→
会計係 ←報告— 小口現金
小口現金 → 小口現金出納帳

女性: そして一定期間ごとに支払額を報告してそれと同額の金額を補給するいわゆるインプレスト・システム(定額資金前渡制)ね

この時小口現金係が支払内容を記録しておくのが小口現金出納帳なのよ

小 口 現 金 出 納 帳

受　　入	日	付	摘　　　　要	支　払	内　　　訳			
					交通費	通信費	消耗品費	雑　費
50,000	9	1	前　月　繰　越					
		2	バ ス 回 数 券	1,200	1,200			
⑤	①		②	③	④				

168

① **日付欄** 取引の発生した日を記入する。
② **摘要欄** 小口現金の支払の理由を簡潔に記入する。
③ **支払欄** 小口現金として支払った金額を記入する。
④ **内訳欄** 支払った金額を適切な項目に分類し、内訳欄にも記入する（内訳は企業がそれぞれ設定する）。

郵便切手・電話料・ハガキ・インターネット接続料など	通 信 費
タクシー代・ガソリン代・高速道路の料金など	交 通 費
事務用筆記用具（ボールペン・ノート・鉛筆）コピー用紙・タイプ用紙など	消 耗 品 費
接待用菓子・お茶など	雑 費
電気代・ガス代・水道代など	水道光熱費

⑤ **受入欄** 小口現金として補給された金額、または前月（前週）から繰越された金額を記入する。

■月（週）初補給の場合

小口現金出納帳

受　入	日付		摘　　　要	支　払	内　訳		
					通信費	消耗品費	雑費
10,000	5	1	本 日 受 入				
		14	コ ピ ー 用 紙	3,500		3,500	
		20	郵 便 切 手	1,000	1,000		
		27	接 待 用 菓 子 代	1,500			1,500
			合　　　計	6,000	1,000	3,500	1,500
		31	次 月 繰 越	4,000			
10,000				10,000			
4,000	6	1	前 月 繰 越				
6,000		1	本 日 補 給				

右は月初補給と締切の例よこれは経理以外の小口現金係にも覚えてもらわないとね

ア．支払欄の合計と内訳欄のそれぞれの合計を記入し、内訳欄の合計を締切る。
イ．次の行の摘要欄に次月（次週）繰越と記入し、金額欄に残高を記入する。日付・摘要・金額は赤字で記入する。
ウ．次の行の受入欄、支払欄にそれぞれの合計を記入し、金額が一致することを確かめ、複線で締切る。
エ．次の行に繰越金額を前月（前週）繰越と記入し、日付には月（週）の初めの日を記入する。
オ．次の行に補給分として前月（前週）の支払欄の合計額を記入し、日付には月（週）初の日を記入する。

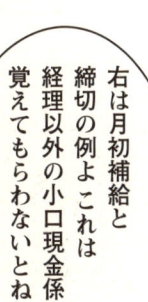

第5章 帳簿と伝票

39 仕入帳・売上帳、商品有高帳
取引先や商品など商品取引の明細を記録

次は仕入帳と売上帳 商品有高帳よ

商品の売買取引は企業にとって最も重要な取引なのはいうまでもないわね

でも商品売買取引を仕訳帳から総勘定元帳へ記入するだけではその取引の明細まではわからないの そこできちんとわかるように商品売買の明細を仕入帳や売上帳にまとめて記入するのよ

なるほど

さらに商品有高帳には扱っている商品の明細がわかるように商品の種類ごとに受入・払出・残高についてそれぞれの数量・単価・金額を記入しておくのよ

商品の合理的な管理ができるわけですね

仕入帳の記入方法

仕　入　帳

日	付	摘　　　　　　　　　　　　　要	内　　訳	金　　額
4	10	宮崎商店　　　　　　　　　　　　　　掛		
		みかん　　　7箱　　　@¥2,000		14,000

　　①　　　　　　　②　　　　　　　　　　　　　　④　　　　③

① **日付欄**　取引の発生した日を記入する。
② **摘要欄**　仕入先名・商品名・数量・単価（@¥）・支払条件などを記入する。
③ **金額欄**　商品の仕入原価を記入する。
④ **内訳欄**　同一取引で2種類以上の商品を仕入れた場合、別々に内訳欄に金額を記入し、そして、その合計を金額欄に記入する。

■仕入値引・仕入返品の記入

仕入値引および返品があった場合は、仕入金額を減額させる。この場合仕入帳には、日付・摘要・金額のすべてを赤字で記入する。

■締切り方法

ア．日付欄に月末の日を記入し、摘要欄に『総仕入高』と記入する。そして、金額欄の値引・返品を除いた金額をすべて合計し、その金額を記入する。
イ．次の行の摘要欄に『仕入値引・返品高』と記入し、金額欄に仕入値引・返品の合計金額を記入し、日付・摘要・金額のすべてを赤字で記入する。
ウ．次の行の摘要欄に『純仕入高』と記入し、金額欄に総仕入高から仕入値引・返品高を差引いた金額を記入する。
エ．日付欄・金額欄を締切る。

売上帳の記入方法

売　上　帳

日	付	摘　　　　　　　　　　　　　要	内　　訳	金　　額
4	12	埼玉商店　　　　　　　　　　　　　　掛		
		りんご　　　20箱　　　@¥1,000		20,000

　　①　　　　　　　②　　　　　　　　　　　　　　④　　　　③

① **日付欄**　取引の発生した日を記入する。
② **摘要欄**　売渡先名・商品名・数量・単価（@¥）・受取条件などを記入する。
③ **金　額**　商品の売上金額（売価）を記入する。
④ **内訳欄**　同一取引で2種類以上の商品を売上げた場合、別々に内訳欄に金額を記入する。そして、その合計を金額欄に記入する。

■売上値引・返品の記入

仕入帳と同様に日付・摘要・金額のすべてを赤字で記入する。

■締切り方法

仕入帳と同様の手順で行います。摘要欄は「総売上高」・「売上値引・返品高」・「純売上高」となる。

商品有高帳の記入方法

① 日付欄
取引の発生した日を記入する。
② 摘要欄
商品売買取引の内容を簡潔に記入する。
③ 受入欄
商品の受入（仕入）時に、その数量・単価・金額を記入する。
④ 払出欄
商品の払出（売上）時に、その数量・単価・金額を原価で記入する。この欄に記入される金額は商品の売上原価となる。
⑤ 残高欄
その日の取引までの商品残高について、その数量・単価・金額を記入する。

> 商品有高帳については次のように商品ごとに細かく数量・単価・金額を記入しておくのよ

商品有高帳

○○法 ← 計算方法
A 商品 ← 商品名

日付		摘要	受入			払出			残高		
			数量	単価	金額	数量	単価	金額	数量	単価	金額
5	1	仕入	40	50	2,000				40	50	2,000
	5	売上				30	50	1,500	10	50	500

① ② ③ ④ ⑤

■締切り方法

締切りを行う日付において、次月繰越としてその日の残高を払出欄に赤字で記入する。その後、受入欄と払出欄をそれぞれ合計（数量と金額のみ）し、日付欄とともに締切る。翌日付で前月繰越の記入を行う。

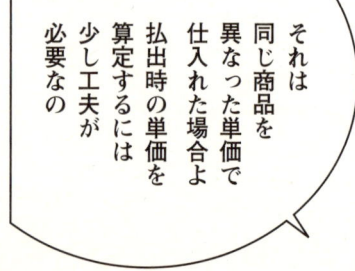

> ただし商品有高帳を記入する時気をつけなければいけないことがあるわ

> それは同じ商品を異なった単価で仕入れた場合よ払出時の単価を算定するには少し工夫が必要なの

例えば下のガソリンスタンドの例で考えてみるわね

ガソリンタンクの中は7月10日（2回目仕入後）の時点で仕入単価140円のものと160円のものが混ざり合っているとするわ

仕 入
7月8日　10ℓ　@¥140
　10日　30ℓ　@¥160

→ ガソリンタンク →

売 上
7月12日　20ℓ

そうすると7月12日に20ℓを売上げた場合に140円のものが何ℓで160円のものが何ℓ払い出されたか正確にわからなくなるでしょ

そこで帳簿上の払出金額を算定するために先入先出法と移動平均法という計算法があるの

先入先出法

先に仕入れた商品から先に払出されたと仮定して払出単価を決定する方法。上記のガソリンスタンドの例では、売上げた20ℓは「先に仕入れた10ℓ(@¥140)」と「後に仕入れた30ℓ(@¥160)のうち10ℓ」が払出されたものとして計算される。

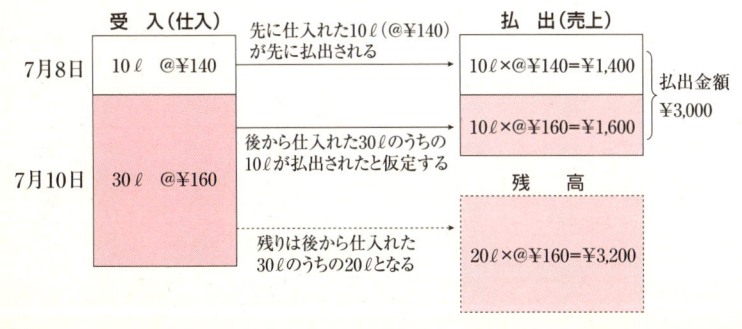

	受　入（仕入）		払　出（売上）	
7月8日	10ℓ @¥140	先に仕入れた10ℓ(@¥140)が先に払出される	10ℓ×@¥140=¥1,400	払出金額 ¥3,000
7月10日	30ℓ @¥160	後から仕入れた30ℓのうちの10ℓが払出されたと仮定する	10ℓ×@¥160=¥1,600	
		残りは後から仕入れた30ℓのうちの20ℓとなる	残　高 20ℓ×@¥160=¥3,200	

移動平均法

単価の異なる商品を仕入れるたびに平均単価を算出し、払出しにはこの平均単価を用いる方法。平均単価は以下のように算出される。

$$\text{平均単価} = \frac{\text{受入前の残高金額} + \text{受入金額}}{\text{受入前の残高数量} + \text{受入数量}}$$

上記のガソリンスタンドの例では、7月10日（2回目仕入時）に平均単価を求め、7月12日の払出単価を算定する。

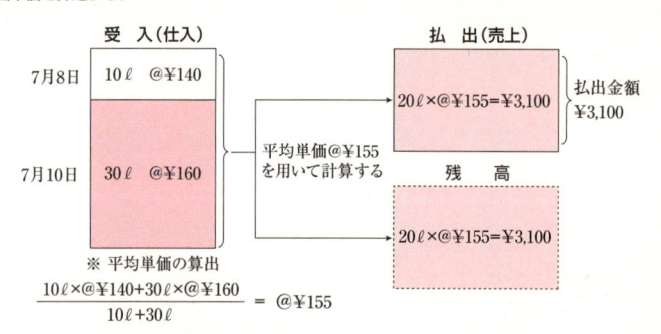

受 入（仕入）

- 7月8日　10ℓ　＠¥140
- 7月10日　30ℓ　＠¥160

平均単価＠¥155を用いて計算する

払 出（売上）

20ℓ×＠¥155＝¥3,100　払出金額 ¥3,100

残 高

20ℓ×＠¥155＝¥3,100

※ 平均単価の算出

$$\frac{10\ell \times @¥140 + 30\ell \times @¥160}{10\ell + 30\ell} = @¥155$$

先入先出方法による記入方法

東会商店のA商品の取引について
- 6月1日　前月繰越　60個（＠¥80）
- 15日　売上　30個
- 20日　仕入　50個（＠¥88）
- 25日　売上　70個

商 品 有 高 帳
A　商　品

先入先出法

日付		摘　要	受　入			払　出			残　高		
			数量	単価	金額	数量	単価	金額	数量	単価	金額
6	1	前月繰越	60	80	4,800				60	80	4,800
	15	売　上				30	80	2,400	30	80	2,400
	20	仕　入	50	88	4,400				{ 30	80	2,400
									50	88	4,400
	25	売　上				{ 30	80	2,400			
						40	88	3,520	10	88	880
	30	次月繰越				10	88	880			
			110		9,200	110		9,200			
7	1	前月繰越	10	88	880				10	88	880

〈記入上の注意〉
① 払出欄と残高欄については、異なる単価ごとに分けて記入し、カッコでくくる。
② 25日の売上（払出）においては、先に仕入れた（前月繰越）＠¥80の商品30個がまず払い出され、次に後から仕入れた（20日）＠¥88の商品40個が払い出される。なお、残高は後から仕入れた（20日）＠¥88の商品10個となる。

移動平均法による記入方法

商品有高帳
A 商品
移動平均法

日付		摘要	受入			払出			残高		
			数量	単価	金額	数量	単価	金額	数量	単価	金額
6	1	前月繰越	60	80	4,800				60	80	4,800
	15	売　　上				30	80	2,400	30	80	2,400
	20	仕　　入	50	88	4,400				80	85	6,800
	25	売　　上				70	85	5,950	10	85	850
	30	次月繰越				10	85	850			
			110		9,200	110		9,200			
7	1	前月繰越	10	85	850				10	85	850

〈記入上の注意〉
① 20日に異なる単価で仕入を行っていますが、この時に平均単価（@¥85）を計算する。
　　（¥2,400＋¥4,400）÷（30個＋50個）＝@¥85
② 25日の売上（払出）においては、上記の平均単価で払出額を計算する。

売上帳と商品有高帳の関係

純売上高 － 売上原価 ＝ 売上総利益

純売上高……売上帳に記入されている
売上原価……商品有高帳の払出欄の合計

これらの商品に関する記録によって会社にとって大切な売上総利益の計算が行われるのよ

売上総利益や売上原価については決算の説明で詳しく話したわよね

第5章 帳簿と伝票

40 売掛金元帳・買掛金元帳、受取手形記入帳・支払手形記入帳
掛取引や手形に関する明細を記録

先輩 補助簿の意味がなんとなくわかってきました

どれも実務として管理に役立つものばかりなんですね

ふふ わかってきたようね

次は売掛金元帳・買掛金元帳、それから受取手形記入帳・支払手形記入帳について教えるわ

つまり債権・債務に関する帳簿ですね！

ええ 特に売掛金元帳や買掛金元帳についてはどの取引先にどれぐらい掛代金があるか 増減があるか 取引先ごとに掛代金を記入するのよ

なるほど それならどの取引先に買掛金や売掛金があるか一目でわかりますね

売掛金元帳の形式や記入方法は総勘定元帳と同じよ

売掛金の増減取引について仕訳帳から総勘定元帳（売掛金勘定）へ転記する際には得意先ごとに設けられた売掛金元帳へも記入するの

この時、売掛金勘定の残高と売掛金元帳の残高はつねに一致するのよ

売掛金元帳・買掛金元帳への記入例

次の取引きについて、総勘定元帳の売掛金勘定への転記および売掛金元帳への記入を行った。
なお、勘定記入は略式により、日付と金額のみ行った。

6月3日　A商店へ¥50,000、B商店へ¥60,000商品を売上げ代金は掛とした。
　　8日　A商店への売掛金¥10,000、B商店への売掛金¥20,000をそれぞれ現金で受取った。

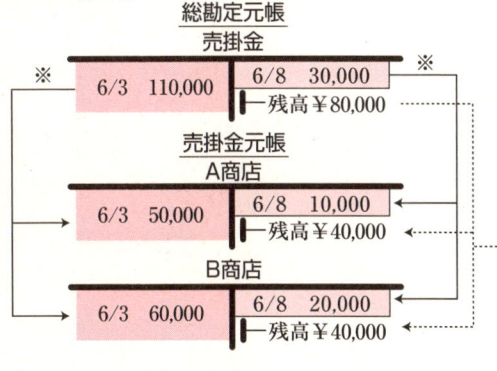

総勘定元帳
売掛金

6/3	110,000	6/8	30,000
		残高¥80,000	

※売掛金勘定の借方・売掛金元帳の商店ごとの借方・貸方の合計に一致します。

売掛金元帳
A商店

6/3	50,000	6/8	10,000
		残高¥40,000	

売掛金勘定の残高は売掛金元帳の商店ごとの残高の合計に一致します。

B商店

6/3	60,000	6/8	20,000
		残高¥40,000	

買掛金の場合も同様で買掛金の増減取引について仕訳帳から総勘定元帳（買掛金勘定）へ転記する際には買掛金元帳へも記入するのよ

そうすれば買掛金勘定の残高と買掛金元帳の残高はつねに一致するんですね

「受取手形記入帳」「支払手形記入帳」というと手形に関する明細を記録したものになるんですか?

そうよ
手形に関する仕訳を行っただけでは債権額・債務額の増減はわかっても具体的な内容はわからないでしょ?
そこで手形の種類 取引関係者名 満期日など手形に関する明細を記録する帳簿として用いるのよ

受取手形記入帳の記入方法

受取手形記入帳

日付		摘要	手形種類	手形番号	支払人	振出人または裏書人	振出日		満期日		支払場所	手形金額	てん末		
月	日						月	日	月	日			月	日	摘要
7	9	売上	約手	03	長野商店	長野商店	7	9	9	3	宮崎銀行	6,000	9	3	取立
①		②	③	④	⑤		⑥		⑦		⑧	⑨	⑩		

① **日付欄**
手形を受取った日を記入する。
② **摘要欄**
相手勘定科目を記入する。
③ **手形種類欄**
受取った手形が約束手形なのか為替手形なのかを記入する。省略して「約手」・「為手」とする場合もある。
④ **手形番号欄**

⑤ 支払人欄・振出人または裏書人欄
　受取った手形は誰がその金額を支払ってくれるのか（支払人）、また、だれがその手形を作成したのか（振出人）、その商店名を記入する。
　約束手形の場合、振出人と支払人は同一だが、為替手形の場合は両者が異なる。裏書譲渡の場合は裏書人の名前を記入する。
⑥ 振出日欄
　手形が作成された日を記入する。振出日と受取日（①）は原則として同一だが、裏書譲渡の場合は異なる。
⑦ 満期日欄
　その手形金額を受取ることができる日を記入する（入金は原則として当座入金される）。
⑧ 支払場所欄
　手形金額の支払が行われる場所（普通は銀行名）を記入する。
⑨ 手形金額欄
　手形金額（満期日に受取ることができる金額）を記入する。
⑩ てん末欄
　受取手形の減少取引があったとき、その日付と受取手形の減少理由を記入する。
　（例：取立・割引・裏書など）
※ ①〜⑨は手形債権発生時に、⑩は手形債権消滅のときに記入する。⑩の欄が未記入の場合は、まだ資産として「受取手形」が残っているということ。

取引と仕訳　記帳の例

次の取引きの仕訳を行い、受取手形記入帳に記入した。
4月3日　秋田商店に対する売掛金¥15,000を同店振出、佐賀商店あての為替手形＃12（満期日6月30日、支払場所　宮崎銀行）で受取った。
5月8日　かねて、秋田商店より受取った為替手形＃12を香川銀行で割引き、割引料¥300を差引かれ手取金は当座預金とした。

〔仕　訳〕

4/3	（借）	受　取　手　形	15,000	（貸）	売　　掛　　金	15,000
5/8	（借）	当　座　預　金	14,700	（貸）	受　取　手　形	15,000
		手　形　売　却　損	300			

受 取 手 形 記 入 帳

日付		摘要	手形種類	手形番号	支払人	振出人または裏書人	振出日		満期日		支払場所	手形金額	てん末		
							月	日	月	日			月	日	摘要
4	3	売掛金	為手	12	佐賀商店	秋田商店	4	3	6	30	宮崎銀行	15,000	5	8	割引

支払手形記入帳の記入方法

支 払 手 形 記 入 帳

日付		摘要	手形種類	手形番号	受取人	振出人	振出日		満期日		支払場所	手形金額	てん末		
							月	日	月	日			月	日	摘要
4	3	買掛金	約手	12	佐賀商店	当　店	4	3	6	30	宮崎銀行	8,000	6	30	決済
①	②	③	④	⑤		⑥		⑦		⑧	⑨	⑩		

① **日付欄**

約束手形を振出した日または為替手形を引受けた日を記入する。

② **摘要欄**

相手勘定科目を記入する。

③ **手形種類欄**

振出（または引受）した手形が約束手形なのか為替手形なのかを記入する。省略して「約手」・「為手」とする場合もある。

④ **手形番号欄**

⑤ **受取人欄・振出人欄**

振出（または引受）した手形について、誰にその金額を支払うのか、また、だれがその手形を作成したのか（振出人）、その商店名を記入する。

約束手形の場合、振出人は当店となる。

⑥ **振出日欄**

手形が作成された日を記入します。原則として①と同じ日付になる。

⑦ **満期日欄**

その手形金額を支払う日を記入する。

⑧ **支払場所欄**

手形金額の支払が行われる場所（普通は銀行名）を記入する。

⑨ **手形金額欄**

手形金額（満期日に支払わなければならない金額）を記入する。

⑩ **てん末欄**

支払手形の減少取引について、満期日の日付と摘要欄に「決済」と記入する。

* ①～⑨は手形債務発生時に、⑩は手形債務消滅のときに記入する。⑩の欄が未記入の場合は、まだ負債として「支払手形」が残っているということ。

取引と仕訳　記帳の例

次の取引の仕訳をし、支払手形記入帳に記入した。
4月1日　岩手商店より商品￥11,000を仕入れ、代金は同店あての約束手形＃7（満期日4月30日、支払場所　鳥取銀行）を振出した。
　30日　さきに、岩手商店あてに振出した約束手形＃7￥11,000を、本日満期につき当店の当座預金から支払った。

〔仕　訳〕

4/1	(借)	仕　　入	11,000	(貸)	支　払　手　形	11,000
30	(借)	支　払　手　形	11,000	(貸)	当　座　預　金	11,000

支払手形記入帳

日付		摘要	手形種類	手形番号	受取人	振出人	振出日		満期日		支払場所	手形金額	てん末	
							月	日	月	日			月日	摘要
4	1	仕入	約手	7	岩手商店	当店	4	1	4	30	鳥取銀行	11,000	4 30	決済

手形債権が発生したら受取手形記入帳に手形債務が発生したら支払手形記入帳に記入するんですね

そうして手形債権または債務が消滅したときにはなぜそれが消滅したのかその理由を「てん末欄」に記入するのよ

そうすれば「てん末欄」が未記入ならその受取手形が資産として残っているということもしくは支払手形が負債として残っていることがわかるのよ

第5章 帳簿と伝票

41 伝票制度
1伝票制、3伝票制、5伝票制

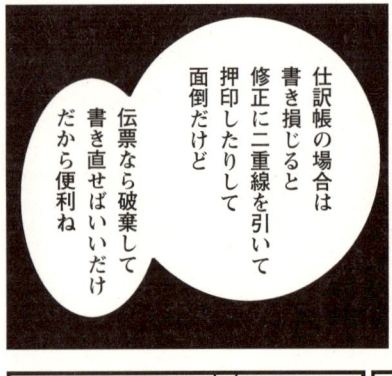

ところで企業の規模が大きくなると業務が分化され取引を仕訳するのに1冊の帳簿を使っていたのでは不都合がおきるでしょう

たしかに社内で1冊をまわして使うのは大変ですね

そこで使うのが伝票なのよ

なるほど伝票か

仕訳帳の場合は書き損じると修正に二重線を引いて押印したりして面倒だけど

伝票なら破棄して書き直せばいいだけだから便利ね

それに伝票を使用すれば各部署ごとに備え付けてそれぞれ記入ができて記入の分散化が図れるの

うんうん

そのかわり取引を行う上で証ひょう等の作成が必要になるのが面倒ね

でも証ひょう等を作成するのと同時に伝票に記入してしまえば忘れることがないので安心よ

記帳の流れ

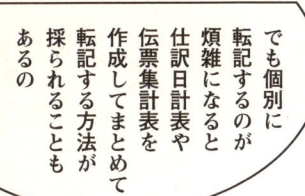

伝票を利用すると取引は伝票に記入され総勘定元帳への転記は伝票から直接行われるわ

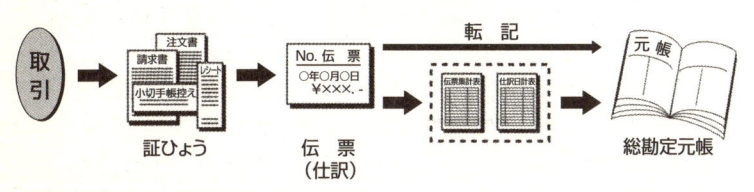

でも個別に転記するのが煩雑になると仕訳日計表や伝票集計表を作成してまとめて転記する方法が採られることもあるの

取引 → 証ひょう → 伝票（仕訳） → 転記 → 総勘定元帳

※**伝票集計表**……伝票の種類ごとに、枚数や記入状況をまとめた表（記入確認）
　仕訳日計表……伝票記入を勘定科目ごとにまとめた表（元帳転記の準備）

伝票制度の種類

伝票制度はどのような伝票を使用するかによって
1伝票制
3伝票制
5伝票制などに分類されるんだけど

そのうち1伝票制は「仕訳伝票」という1種類の伝票を用いてすべての取引を記録する方法なの

簡単に言えば仕訳帳をバラバラにしたものね

1伝票制

1伝票制の伝票

仕　訳　伝　票			No. ×
○　年　○　月　○　日			
（借　　　　方）		（貸　　　　方）	
仕　　　　入	450,000	現　　　金	230,000
		買　掛　金	220,000

仕訳伝票を日付順につづり合わせれば、仕訳帳と全く同じ内容になる。

3伝票制

> 3伝票制は「入金伝票」「出金伝票」「振替伝票」という3種類の伝票を用いてすべての取引を記録する方法よ

1.入金伝票

入金伝票は、入金取引(現金の増加)を記録する伝票で通常赤色で印刷されている。

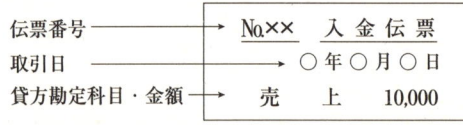

```
伝票番号     ────→   No.××   入 金 伝 票
取引日       ────→   ○年○月○日
貸方勘定科目・金額 ──→   売   上   10,000
```

※この他、小書き(取引明細)を記入します。

入金伝票は借方が「現金」と決まっているため、相手科目(貸方科目)と金額欄を記入すればいいのです。
上の伝票は、次の仕訳と同一の取引を記入したものです。

```
(借) 現 金 10,000    (貸) 売 上 10,000
```

2.出金伝票

出金伝票は、出金取引(現金の減少)を記録する伝票で通常青色で印刷されている。

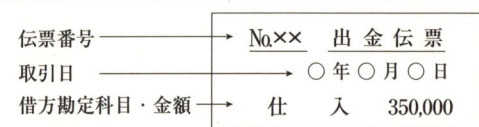

```
伝票番号     ────→   No.××   出 金 伝 票
取引日       ────→   ○年○月○日
借方勘定科目・金額 ──→   仕   入   350,000
```

※この他、小書き(取引明細)を記入します。

出金伝票は貸方が「現金」と決まっているため、相手科目(借方科目)と金額欄を記入すればいいのです。
上の伝票は、次の仕訳と同一の取引を記入したものです。

```
(借) 仕 入 350,000    (貸) 現 金 350,000
```

3.振替伝票

振替伝票は、その他の取引(入金・出金以外の取引)つまり、借方にも貸方にも「現金」が出てこない取引を記録する伝票で、通常の仕訳と同じ記入を行う。
通常青色または黒色で印刷されている。

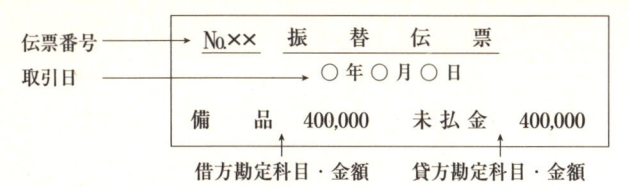

伝票番号 → No.×× 振 替 伝 票
取引日 → ○年○月○日

備　品　400,000　　未払金　400,000

借方勘定科目・金額　　貸方勘定科目・金額

上の伝票は、次の仕訳と同一の取引を記入したものです。

(借) 備品　400,000　　(貸) 未払金　400,000

入金・出金伝票からの仕訳記入

(1) 入 金 伝 票	(2) 出 金 伝 票
売掛金　550,000	買掛金　300,000

(1) (借) 現　　　金　550,000　　(貸) 売　掛　金　550,000
(2) (借) 買　掛　金　300,000　　(貸) 現　　　金　300,000

例えば入金・出金伝票から仕訳記入すると上のようになるのよ

また次の例のように取引には一部現金取引というケースがあるの

そうしたときに伝票の記入方法として2種類の方法があるので覚えておくように

例1　備品¥600,000を購入し、代金のうち¥200,000は現金で支払い、残額は月末に支払う場合。

(借) 備　　品　600,000	(貸) 現　　　金　200,000
	未　払　金　400,000

例2　商品¥750,000を売渡し、代金のうち¥250,000は現金で受取り、残額は掛とした場合。

(借) 現　　　金　250,000	(貸) 売　　上　750,000
売　掛　金　500,000	

■取引を分解する方法

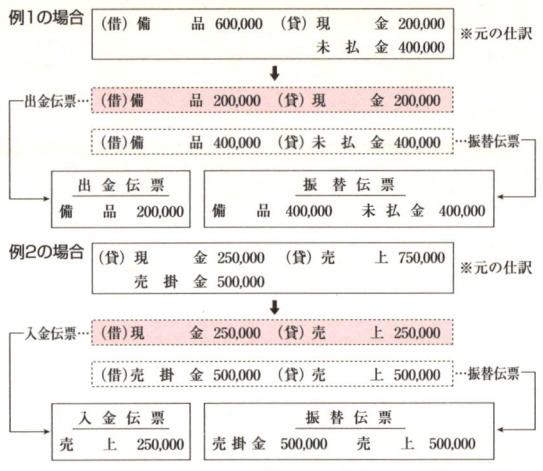

> まず取引を分解する方法
> これは取引の仕訳を「現金取引」部分と「振替取引」部分に分けて記入するのよ

例1の場合　(借)備　品 600,000　(貸)現　　金 200,000　※元の仕訳
　　　　　　　　　　　　　　　　　　未 払 金 400,000

↓

出金伝票…(借)備　品 200,000　(貸)現　　金 200,000

　　　　　(借)備　品 400,000　(貸)未 払 金 400,000…振替伝票

出 金 伝 票	振 替 伝 票
備品　200,000	備品　400,000　　未払金　400,000

例2の場合　(借)現　　金 250,000　(貸)売　　上 750,000　※元の仕訳
　　　　　　　売 掛 金 500,000

↓

入金伝票…(借)現　金 250,000　(貸)売　上 250,000

　　　　　(借)売掛金 500,000　(貸)売　上 500,000…振替伝票

入 金 伝 票	振 替 伝 票
売上　250,000	売掛金　500,000　　売上　500,000

このように、もとの仕訳について借方または貸方が1つ(1科目)の方を、反対側の金額にあわせて分割することになります。

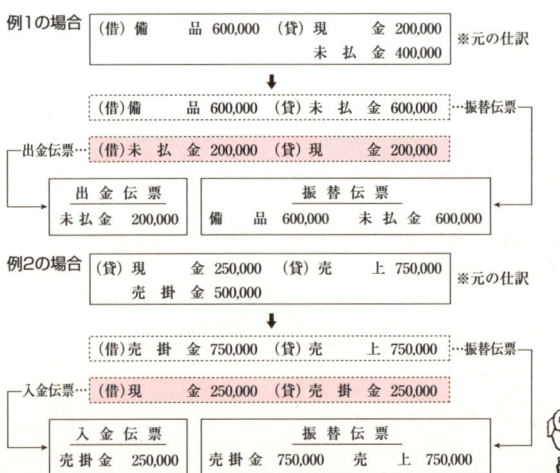

■取引を全部振替取引と仮定する方法

> そしてもう一つが取引を全部「振替取引」と仮定する方法
> これは取引を入出金がなかったと仮定して振替伝票に記入して
> その後に入出金取引があったとして
> 入金伝票または出金伝票に記入する方法よ

例1の場合　(借)備　品 600,000　(貸)現　　金 200,000　※元の仕訳
　　　　　　　　　　　　　　　　　　未 払 金 400,000

↓

　　　　　(借)備　品 600,000　(貸)未 払 金 600,000…振替伝票

出金伝票…(借)未払金 200,000　(貸)現　　金 200,000

出 金 伝 票	振 替 伝 票
未払金　200,000	備品　600,000　　未払金　600,000

例2の場合　(借)現　　金 250,000　(貸)売　　上 750,000　※元の仕訳
　　　　　　　売 掛 金 500,000

↓

　　　　　(借)売掛金 750,000　(貸)売　　上 750,000…振替伝票

入金伝票…(借)現　金 250,000　(貸)売 掛 金 250,000

入 金 伝 票	振 替 伝 票
売掛金　250,000	売掛金　750,000　　売上　750,000

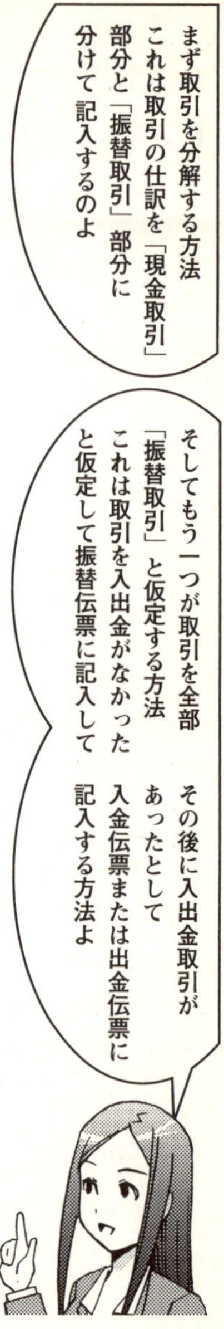

5 伝票制

> 5伝票制は3伝票制の「入金伝票」「出金伝票」「振替伝票」の他に「仕入伝票」と「売上伝票」を足した5つの伝票を用いて記録する方法よ

> 「仕入取引」や「売上取引」を記録するのにはこの方法がいいのよ

1.仕入伝票

商品の仕入取引を記録する伝票。

例3 東北商店より商品¥240,000を掛仕入した。

| (借) 仕 入 240,000 | (貸) 買 掛 金 240,000 |

| 仕 入 伝 票 |
| 買 掛 金
（東 北 商 店） 240,000 |

※通常の仕入取引は仕入が借方ですから、相手科目（貸方科目）と金額を記入します。相手科目は商店名のみ（掛取引）の場合もあります。

例4 北陸商店より商品¥80,000を仕入れ、¥50,000は現金払いし、残額は掛とした。

| (借) 仕 入 80,000 | (貸) 現 金 50,000 |
| | 買 掛 金 30,000 |

| 仕 入 伝 票 | | 出 金 伝 票 |
| 買 掛 金
（北 陸 商 店） 80,000 | | 買 掛 金
（北 陸 商 店） 50,000 |

※現金仕入取引の場合には、出金伝票との二重記録をさけるために、いったん掛仕入したものとして記入します。その後、買掛金を現金払いしたものとして、出金伝票に記入します。
なお、値引き・戻し等「(貸方)仕入」となる取引については、仕入伝票に赤字記入します。

2.売上伝票

商品の売上取引を記録する伝票。

例5 四国商店に商品¥300,000を掛で売渡した。

| (借) 売 掛 金 300,000 | (貸) 売 上 300,000 |

| 売 上 伝 票 |
| 売 掛 金
（四 国 商 店） 300,000 |

※通常の売上取引は売上が貸方ですから、相手科目（借方科目）と金額を記入します。相手科目は商店名のみ（掛取引）の場合もあります。

例6 九州商店に商品¥45,000を売渡れ、¥15,000は現金で受取り、残額は掛とした。

| (借) 現 金 15,000 | (貸) 売 上 45,000 |
| 売 掛 金 30,000 | |

| 売 上 伝 票 | | 入 金 伝 票 |
| 売 掛 金
（九 州 商 店） 45,000 | | 売 掛 金
（九 州 商 店） 15,000 |

※現金売上取引の場合にも現金仕入取引と同じように、入金伝票との二重記録をさけるため、いったん掛売上したものとして記入します。その後、売掛金を現金回収したものとして、入金伝票に記入します。
なお、値引き・戻り等「(借方)売上」となる取引については、売上伝票に赤字記入します。

さてこれで帳簿や伝票についても説明したし簿記についての大事なことはすべて教えたわ

ついに終りですね

違うわ！これからが始まりなのよ！

簿記は実践がすべて

実務で正確に作業できなかったら意味ないのよ

実務では私が教えた以外の様々なケースがあることでしょう

でもそんな時は基本に戻ってちゃんと考えればわかるはず

そのためにも簿記をしっかり身につけるのよ！

はい！簿記をしっかり覚えていい経理マンになります！

頼んだわよ藤本くん

よーし決算日までこの僕がどんな取引も仕訳きってやる！

NOTE

NOTE

マンガでわかる簿記入門

2010年3月10日 初版第1刷発行

監修：学校法人　立志舎

漫画：紫雲龍祥

装丁：GAD.inc

編集協力：株式会社スパイスコミニケーションズ
　　　　　湯浅ひろゆき・久留 学・松澤寿美・前田浩徳・田中理恵

編集：阿部加寿世

発行人：屋田悟郎

発行所：株式会社イースト・プレス
　　　　〒101-0051
　　　　東京都千代田区神田神保町 1-19 ポニービル 6F
　　　　TEL 03-5259-7321
　　　　FAX 03-5259-7322
　　　　http://www.eastpress.co.jp

印刷所：中央精版印刷株式会社

ISBN978-4-7816-0256-1　C0034
© EAST PRESS,Printed in Japan 2010

※本書の内容の一部あるいはすべてを無断で複写・複製・転載することを禁じます。